초등공부,

스스로 끝까지 하는 힘

김성효 지음

초등공부, 스스로 끝까지 ✔ 하는 힘

해냄

초등 부모가 이 책을 보지 않는다면 무조건 손해가 아닌가 싶다. 이 책은 초등학생 자녀를 위해 부모 자신부터 알아야 할 공부에 대한 이해와 공부 기술, 공부 도움이 필요할 때 요구되는 노하우를 모두 담았다. 오랜 시간 현장에서 교사로서 일하고, 교사들을 깊이 만나온 김성효 선생님께서 그 지름길의 길동무가 되어 자녀 공부에 대한 불안과 걱정이 높은 부모에게 위로와 치유도 해주신다. 내 자녀의 공부 상태를 제대로 알고 돕고 싶다면 '내려놓을 때'에야 비로소 보인다는 김성효 선생님의 역설의 길을 따라가 보라. 그러면 올라가는 자녀의 공부역량과 만날 날이 곧 올 것임에 틀림없다.

― 김현수 | 성장학교 별 교장, 명지병원 정신건강의학과 교수, 『공부상처』 저자

아이들과 부모님의 시각에서 탁월한 글을 쓰는 베스트셀러 작가 김성효 선생님이 이제 공부법에 대한 책을 냈다. 현장 교사 17년의 단단한 경험과 다수의 교육 도서를 집필한 저자의 연구 경력은 이 책에 대한 믿음을 더욱 배가시킨다. 최상위권 학생부터 공부만 하면 스트레스를 호소하는 아이들까지 다양한 유형별로 부모님들이 적용할 수 있는 실천적 공부법이 제시됐다. 무엇보다 이 책에 소개된 공부법은 초등학생만을 위한 것이 아니다. 평생 학습과 공부를 요구하는 무시무시한 시대를 살아가는 모든 세대를 위한 책이 될 수 있을 것 같다. 공부 습관을 만들 수 있는 어린 시절에 이 책을 만난다면 진실로 행운일 것이다.

― 박재홍 | CBS 아나운서, 〈세상을 바꾸는 시간, 15분〉·〈한판승부〉 진행자

부모라면 누구나 자녀의 성공과 행복을 위해 공부 잘하는 아이로 키우고 싶습니다. 이 책은 저자가 현장에서 열정적으로 아이들을 가르치고 연구하면서 터득한 초등 시기의 공부 전략과 그 구체적인 방법을 아주 명확하게 제시하고 있습니다. 저

자가 제시한 생생하고 창의적인 방법들을 적용하다 보면 공부의 원리와 목적을 알고 혼자서도 끝까지 잘 해내는 아이로 성장할 수 있을 것입니다.

– 엄명자│초등학교 교장, 『초등 엄마 거리두기 법칙』 저자

성효샘 책은 언제나 믿을 수 있습니다. 아이들의 '혼공'과 자기주도학습에 성효샘의 책이 큰 도움이 될 것이라 믿습니다. '꾸준함이 쌓여 탁월함이 되는 것', 바로 우리 아이도 할 수 있습니다. 재미있고 유익한 공부 멘토링과 여덟 가지의 솔루션을 따라가면 어느 순간 초등공부의 원리를 깨우칠 수 있을 것입니다.

– 이상학│『초3보다 중요한 학년은 없습니다』 저자, 인기 유튜버 '해피이선생'

두 아이의 엄마로서 조급하고 불안한 마음에 아이들에게 지적을 많이 했습니다. 이런 엄마와 달리 성효샘은 서두르지 않고 기다려주면서 자존감은 올려주셨고요. 성효샘의 티칭법 덕에 우리 아이들이 지치지 않고 공부할 수 있었습니다. 대학생이 된 저희 두 아이뿐만 아니라 저도 늘 감사한 마음입니다.

– 박연순│인성·유진 엄마

아이가 초등학교에 들어가면 아이의 학습은 부모에게 중요한 화두가 된다. 좋다는 사교육 정보를 검색하는 것보다 더 중요한 것은 아이가 바람직한 학습 습관을 형성하고 효율적인 학습 방법을 익혀 공부하는 힘을 기를 수 있도록 이끌어주는 것이다. 이 책은 학습과 관련된 다양한 고민을 다루고 있으며 이를 해결하기 위해 아이와 함께 직접 실천해 볼 수 있는 구체적인 방법들을 제시하고 있어 많은 부모에게 유용한 지침서가 될 것이다. 아이의 공부 근육을 키워주고자 하는 부모들에게 이 책을 권한다.

– 차수란│전직 중등 국어교사, 나경·태윤 엄마

선생님, 그런데 마음을 어떻게 내려놓지요?

그동안 유튜브에서 1년 가까이 구독자들을 만나왔습니다. 주로 제 책의 독자분들이나 강연을 들었던 분들입니다. 보통은 유튜브 라이브 방송으로 다양한 고민을 상담하고 독서 교육이나 글쓰기 교육 노하우를 전해드립니다.

하루는 공부 습관을 잡아주는 게 중요하고 부모가 마음을 내려놓고 아이를 기다려줘야 한다는 이야기를 나누었습니다. 라이브가 끝나가는데 어떤 분이 물어보셨습니다.

"선생님, 근데 마음을 어떻게 내려놓지요? 아이를 기다려주고 좋은 습관을 잡아주는 게 중요하다는 것은 아는데 구체적인 방법은 잘 모르겠습니다. 어릴 때 공부가 중요하다고 수없이 말은 하는데 당장 집에서 무엇을 어떻게 도와주어야 할지 모르겠어요."

순간 말을 멈추었습니다. 손에 잡히는 매우 구체적이고 명확한 방법이 아니면 도움이 되지 않겠구나 싶었습니다. 고민 끝에 공부와 관련한 책을 쓰기로 마음먹었고 그 결과가 이 책『초등공부, 스스로 끝까지 하는 힘』입니다.

　세상 모든 부모가 자녀들이 행복하길 기대합니다. 두 딸을 키우는 저도 그렇습니다. 아이가 행복하고 건강하면서 공부도 잘하면 좋겠습니다. 이 책을 읽는 독자들 마음도 똑같을 겁니다. 하지만 아이들이 공부를 잘하냐 못하냐 하는 데는 매우 다양한 요인이 얽혀 있습니다. 성적은 이 복잡한 요인들의 결과물입니다. 부모는 현명하고 세심하면서도 멀리 내다봐야 합니다. 한마디로 쉽지 않습니다.

　한국 부모는 세계 어느 나라와 견주어도 전혀 뒤지지 않는 월드 클래스 교육열을 자랑합니다. 대한민국이 짧은 시간에 선진국과 어깨를 나란히 하게 된 것도 한국 부모들이 자식들을 잘 키웠기 때문입니다. 얕은 개천에서 용이 날 때까지 돌보고 가르치는 게 어디 쉬웠을까요. 자원도 부족하고 가난한 땅에서 부모들이 희생하고 헌신하면서 자식 교육에 극진한 정성을 쏟았기에 지금의 우리도 있고 잘 사는 대한민국도 있습니다.

　그런데 세상 어떤 것도 과하면 모자람만 못합니다. 공부도 사랑도 과한 것은 좋지 않습니다. '대한민국 엄마들의 지나친 교육열' '사교육 시장 몇 조 원' 이런 기사들은 하루가 멀다 하고 터져 나옵니다. 그 탓에 가만히 있으면 괜히 불안하고 당장 뭐라도 해야 할 것 같고 너무 안일한 건 아닌가 걱정스럽습니다. 다 같이 전속력으로 질주하는 운동장 트랙 한가운데에 홀로 멍하니 서 있는 느낌이 듭니다. 잘 압니다. 저도 학부모고, 교사고, 초등교육 전문가이니까요.

　최근 코로나19로 많은 변화가 사회 곳곳에 스며들었습니다. 이제는 대면보다 비대면이 익숙하고 마스크를 안 쓴 얼굴보다 마스크를 쓴 얼굴이 친숙

합니다. 전에는 매일 학교에 가는 게 당연했지만 지금은 "매일 등교하는 게 가능해?" 하고 되묻습니다. 이런 탓에 아이들 학습 격차는 더 벌어졌습니다. 이 격차는 얼마 지나지 않아 심각한 문제로 드러날 것입니다. 이건 저뿐 아니라 교육계에 있는 사람이라면 누구나 하는 예측입니다.

이제 좋든 싫든 부모가 학습 조력자로서 더 노력할 수밖에 없는 상황이 되었습니다. 그런데 만약 부모가 바쁘다면 어떻게 하지요? 부모가 돌볼 수 없어서 아이 혼자서 온라인수업을 듣고 공부해야 하는 상황이라면요? 집이 멀어 학원에 보낼 수도 없다면요? 이런 현실 앞에서 답은 하나로 모아집니다. '자기주도학습'입니다.

부모가 바라는 것도 사실 아이 혼자서 공부를 잘하는 것입니다. 어떤 상황에서도 스스로 공부하도록 아이를 도와주고 싶어 하고요.

문제는 어디서부터 어디까지 도와주고, 언제쯤 놓아줄 것인가입니다. 저는 이 부분이 자전거 타기와 같다고 생각합니다. 아이가 어릴 땐 보조 바퀴 달린 네발자전거를 탑니다. 그래야 안 넘어지고 큰 사고도 안 납니다. 시간이 흐르면 어떤가요. 아이가 먼저 졸라댑니다. 보조 바퀴를 자기만 달고 다닌다고, 보조 바퀴가 없으면 더 잘 달릴 수 있다고 하며 떼어달라고 성화죠.

공부에서 부모 역할도 그렇습니다. 때가 되면 아이를 믿고 오롯이 혼자 힘에 공부를 맡겨야 합니다. 처음엔 보조 바퀴처럼 아이 곁에서 함께하되, 적당한 때가 오면 인파 속에서 혼자 달리도록 힘껏 밀어주어야 합니다. 자기주도학습의 완성을 위해 공부의 다양한 측면을 세심하게 살피고 준비해야 하는 것이죠.

제주도에 가보면 제주 어느 곳에서나 한라산을 볼 수 있습니다. 워낙 큰 산이니 제주도 전역에서 볼 수 있지요. 한라산에 가는 방법이 몇 가지나 될까요. 힘들지만 빠른 길도 있고, 돌아가는 길도 있고, 오래 걸리는 길도 있습니다. 많은 길이 있겠지만, 한라산에 가고 싶은 이라면 자신에게 가장 잘 맞는 길을 결국 찾아내야만 할 겁니다.

공부도 비슷합니다. 워낙 크고 방대한 주제이다 보니 엄청나게 다양한 이야기들이 쏟아져 나옵니다. 길이야 여러 갈래가 있겠지요. 그 가운데 자신에게 맞는 길을 잘 아는 아이가 있는가 하면 모르는 아이도 있을 겁니다. 어떤 전략을 써서 어떻게 가야 저 높고 험한 '공부 산' 정상에 오를 수 있는지 알고 있는 쪽이 더 현명하지 않을까요?

우리는 공부라는 산에 오르기 위해 다양한 길을 두루 살펴볼 필요가 있습니다. 구체적으로는 부모나 교사가 언제, 어떻게, 어디까지, 무엇을 도와주고, 어떻게 믿고 맡겨야 할지 방법과 원리를 알고 아이들이 이를 구사할 수 있게 도와주어야 합니다. 이 책이 공부의 정서적인 측면부터 습관, 암기, 메타인지까지 다양한 학습 전략과 방법을 모두 다루고 있는 것도 이런 까닭입니다.

첫 번째 솔루션에서는 '공부의 목적'을 정리했습니다. 최첨단 내비게이션도 목적지를 정확하게 입력해야만 작동합니다. 공부 잘하는 아이로 키우고 싶다면 어디를 바라봐야 할지, 지금 어떤 위치에 있는지, 어떤 지도가 필요한지 점검해 보아야 합니다.

두 번째 솔루션에서는 '공부자존감'을 다뤘습니다. 학원 보내도 안 되고 과외 시켜도 안 되는 아이라면 아이의 공부자존감부터 다시 고민해 보셨으면 합니다.

세 번째 솔루션에서는 '공부머리'라는 신화에서 벗어나기 위한 다양한 사례와 방법을 소개했습니다. 공부머리는 타고난다는 생각이 얼마나 단단하게 우리 안에 박혀 있는지 잘 압니다. 하지만 공부는 머리로 하는 게 아니라 끈기와 전략으로 하는 것임을 하나씩 짚었습니다.

네 번째 솔루션에서는 공부 잘하는 아이들의 진짜 비밀인 '메타인지'를 다뤘습니다. 메타인지를 말하지 않고 배움을 말하기 어려울 정도로 메타인지는 중요합니다. 메타인지를 기르는 여러 방법을 소개했습니다.

다섯 번째 솔루션에서는 '습관'을 다뤘습니다. 공부뿐만 아니라 우리가 하는 행동 대부분은 습관에서 옵니다. 우리 아이는 착해서 부모 말대로 잘해줄 거라고 막연하게 기대하지 말고, 습관이라는 뼈대를 먼저 세워보세요. 습관은 길고, 부모 잔소리는 짧습니다.

여섯 번째 솔루션에서는 '호기심'을 다뤘습니다. 궁금해 하지 않고 공부를 할 수는 없습니다. 아이들이 가진 본성인 호기심을 키워주는 여러 노하우를 챙겨보시기 바랍니다.

일곱 번째 솔루션에서는 '기억'을 다뤘습니다. 암기는 공부의 기본이고 필수 요소입니다. 어떻게 해야 더 오래, 더 잘 기억하는지 알고 나면 공부도 한결 쉬워집니다.

마지막 여덟 번째 솔루션에서는 공부의 완성형이라고 볼 수 있는 '자기주도학습'을 이야기했습니다. 코로나 시대라는 사회적 변화와 시대적 요구 앞에서 자기주도학습은 선택이 아닌 필수가 돼버렸습니다. 이 장에서는 아이들에게 자기주도학습을 실천할 수 있는 다양한 방법들을 제시했습니다.

책의 모든 장은 각 장에서 다룬 핵심 내용들을 복습하는 질문으로 마무리했습니다. 복습 없이 공부는 완성되지 않습니다. 각 장에 마련된 핵심 질문들을 최대한 활용해 보시기 바랍니다.

『초등공부, 스스로 끝까지 하는 힘』에는 이 시기에 이거 안 하면 큰일 난다는 식의 이야기는 없습니다. 시작이 늦어도 꾸준하고 성실한 아이는 얼마든지 따라잡는다는 것을, 요행을 바라는 아이보다 다양한 전략을 알고 도전하는 아이가 이긴다는 것을 누구보다 제가 잘 알기 때문입니다.

어떤 상황에서도 부모가 불안해 하고 조급하게 결과를 바라는 것은 아이 공부에 도움이 안 됩니다. 불안함과 걱정, 조바심을 내려놓고 대범하고 관대하게, 끈기 있게 이끌어주셔야 합니다. 공부에 관련해서 매우 폭넓은 내용을 다룬 이 책을 '초등공부, 스스로 끝까지 하는 힘'이라고 이름 붙인 이유입니다.

공부에서 부모가 해야 할 일과 아이가 해야 할 일은 다릅니다. 아무리 부모가 애태우며 재촉해도 공부는 결국 아이가 해야 할 일입니다. 세심하게 살피고 방법을 가르쳐주되, 아이가 혼자서 공부할 수 있을 때까지는 곁에서 함께 걸어주세요. 시간이 내 편이려니 생각하면서 대범하게 마음먹으세요. 긍정적으로 기대하는 마음으로 아이를 바라봐주셔야 아이도 바라는 만큼 성과를 내줍니다.

책에 나온 방법대로 공부한 덕분에 저도 최근 중요한 시험에서 좋은 점수를 얻었습니다. 제가 검증하고, 그동안 제자들이 증명해 준 만큼, 이 책이 대한민국 아이들이 공부를 자신 있어 하고 공부를 즐기도록 돕는 데 밑거름이 되어주리라 굳게 믿습니다. 그동안 책을 기다리고 응원해 주신 독자님들, 진심으로 고맙습니다. 사랑하고, 축복합니다.

2021년 가을 성효샘 씀

차례

- 여덟 번째 솔루션 -

자기주도학습을 시작하라

- 공부 멘토링·공부법 찾아보기 -

공부의 정체를 밝혀라

성능이 아무리 좋아도 목적지를 입력하지 않으면
내비게이션은 작동하지 않습니다.
공부에도 명확한 목적지가 있어야 합니다.
공부가 무엇인지, 어떻게 공부해야 하는지,
누가 공부의 주체인지, 궁극적으로 왜 공부해야 하는지
아이와 이야기 나눠보세요.

• 일러두기
책에 등장하는 아이들의 이름은 전부 가명입니다.

1

공부는 시험 잘 보면 끝?

어느 날 재희(초4) 엄마가 학교로 찾아왔습니다. 얼굴이 딱딱하게 굳은 게 분위기가 심상치 않았습니다.

"선생님, 요새 재희가 선생님이랑 친구들을 너무 좋아해서 걱정이에요."

"그게 왜 걱정인가요. 재희, 학교에서 아주 잘 지내는데요."

재희 엄마가 저를 힐끗 보고는 빠르게 말을 이었습니다.

"재희 나중에 민사고 갈 거예요. 낮엔 학원 다니고 저녁엔 집에 와서 예습 복습하고 주말에도 문제집 풀면서 계속 공부해 왔어요. 그게 진짜 공부죠. 그렇게 유치원 때부터 지금까지 공부만 하던 아이가 요즘은 친구하고 노는 게 좋대요. 이러다가 재희 성적 떨어지면 선생님이 책임지실 건가요?"

하지만 엄마의 걱정과 달리 재희의 성적은 떨어지지 않았고 오히려 더 올랐습니다. 재희가 모든 시험에서 만점을 맞은 뒤에 재희 엄마가 다시 찾아왔습니다. 고맙다고 몇 번이고 인사를 했습니다. 저는 그때 '공부가 뭘까' 하는 생각을 지울 수가 없었습니다. 정말로 재희 엄마의 말처럼 문제집 풀고 시험 보고 점수 잘 받는 것이 다일까요.

공부를 대하는 태도의 중요성

1980년대에 스웨덴 예테보리대학에서 대학생을 대상으로 학습법을 실험했습니다.[1] 연구 결과, 학생들은 크게 세 가지의 학습 유형으로 나뉘었습니다.

먼저 나중에 받을지 모르는 질문을 예상하면서 단어를 암기하는 유형이 있었습니다. 이들은 읽은 내용을 활용하는 공부보다는 시험에 통과하는 것에 집중했습니다. 학자들은 이들을 '피상적 학습자'라고 불렀습니다.

졸업이나 대학원 진학을 위해 성적을 올리려 공부하는 '전략적 학습자' 유형도 있었습니다. 전략적 학습자나 피상적 학습자 유형이라면 성적은 잘 나올지 몰라도 공부를 좋아하진 않습니다. 배우려는 자발적인 동기 없이 점수나 등수만 좇는 공부는 언젠가 지치기 마련입니다.

마지막 유형은 '심층적 학습자' 유형이었습니다. 이들은 글에 숨은 속뜻과 응용 방법을 생각하고 논거와 결론을 구분 지으려 하며 배운 것과 읽은 것 사이의 연결고리를 고민했습니다. 학자들은 누가 시키지 않아도 이미 아는 것과 새로 배우는 것 사이의 관계를 찾아내려 파고드는 공부 자세를 갖춘 이들을 심층적 학습자라고 불렀습니다. 공부를 좋아하고 즐기는 아이들이 이런 유형입니다. 실제로 이런 아이들에게 왜 공부하는지 물으면 "재미있어서요"라고 답합니다.

공부는 단기간에 끝나지 않습니다. 시험 몇 번 봐서 끝나는 게 아니라 단계에 단계를 거쳐서 서서히 앞으로 나아가는 아주 멀고 긴 여정입니다. 장기적으로 봤을 때는 공부를 좋아하고 배우는 걸 즐기는 아이들이 공부 잘하는 아이로 자랍니다. 결국 우리가 아이들에게 키워줘야 할 것은 당장 눈앞에 놓인 시험을 해결하는 쉬운 전략이 아니라 훗날에도 스스로 공부할 수 있고 배움을 즐길 수 있는 자세입니다.

'공부'의 사전적 정의는 '배우고 익히는 것'입니다. 무엇이든, 언제 어디서든 배우고 내 것으로 익힌다면 공부입니다. 아이는 문제집과 교과서로만 배우지 않습니다. 밥상머리에서도 배우고 부모의 표정을 보고도 배웁니다. 부모에게 보고 배운 것을 따라 하고 흉내 내면서 익히는 것이지요.

부모가 공부를 어떻게 생각하는지에 따라 아이의 학습 유형도 달라집니다. 부모가 전략적인 학습자이면 아이도 전략적 학습자로, 부모가 심층적 학습자이면 아이도 심층적 학습자로 자랍니다. 우리는 무의식적으로 아이들에게 자신의 학습 방법과 유형을 대물림하는 것이지요.

배움을 즐기게 만드는 법

부모 자신이 공부를 어떻게 생각해 왔는지 성찰하는 작업이 중요한 것도 그래서입니다. 부모님에게 공부는 자주 칭찬받는 것이었나요, 눈물 쏙 빠지게 혼나는 것이었나요? 수학 같은 특정 과목을 싫어했나요? 부정적이든 긍정적이든 상관없이 아이는 부모가 공부를 생각하는 그대로 배웁니다. 부모가 긍정적이고 적극적인 마음으로 배움에 마음을 열어야 아이도 긍정적이고 적극적인 마음으로 배우고 익히겠지요.

어릴 때 부모님에게 공부는 어떤 것이었는지 아이에게 들려주세요. 공부를 주제로 자주 이야기 나눠야 공부 정서를 긍정적인 것으로 가꿔 갈 수 있습니다.

아이가 하는 모든 공부가 피가 되고 살이 됩니다. 예체능 과목은 중요하지 않아서 시험을 안 보는 게 아니라 몸으로 체득하는 과목이라 그렇습니다. 어떤 공부든 최선을 다하도록 격려하고 아이가 좋아하는 과목은 그게 부모 생각과 같지 않더라도 존중해 주세요.

배움과 익힘, 공부의 인풋과 아웃풋

공부는 배우고 익히는 것입니다. 배움은 지식과 정보를 넣는 인풋(input)이고, 익힘은 끄집어내서 내 것으로 활용하는 아웃풋(output)입니다. 수업 시간에 책을 읽거나 선생님 설명을 듣는 것이 인풋이라면, 곰곰이 궁리해 가면서 문제를 풀거나 글을 써서 생각을 표현하는 것은 아웃풋입니다.

배우기만 하고 익히지 않으면 진짜 앎으로 남지 않습니다. 익히려면 백번 듣는 것보다 한 번 보는 것이 낫고, 백번 보는 것보다 한 번 해보는 게 낫습니다. 읽으면 써보고, 들으면 말해보고, 외우면 바꿔봐야 합니다. 그래야 진짜 앎이 됩니다.

대충 수박 겉핥기로 배운 지식이 진짜 앎이 되면 '아하!'가 찾아옵니다. 모르는 것을 깨달았을 때, 새롭게 알게 됐을 때, 내내 고민하던 문제가 풀릴 때

'아하!' 하는 소리가 저절로 터져 나옵니다. 이런 깨달음을 자주 맛볼수록 공부는 재미있고 즐거운 것이 됩니다.

콩 1천 알을 세는 교육

대한민국 교육은 배우는 것은 열심히 하는데 익히는 것에는 상대적으로 소홀합니다. 십 년 넘게 영어를 배우고도 외국인 앞에서 도망치는 영어교육, 어려운 내용을 많이 배우는 바람에 수포자가 쏟아져 나오는 수학교육, 성인이 된 다음 보고서 한 장 쓰기 힘든 국어교육, 이 모두가 우리 교육의 약점입니다.

그동안 운 좋게도 외국에서 수업을 참관할 기회가 많았습니다. 독일, 핀란드, 스웨덴, 영국, 중국, 프랑스, 이탈리아에선 초, 중, 고, 대학 수업을 봤고 케냐에선 고등학교 수업을 봤습니다. 전력난으로 수업하다가 전기가 나가버린 교실에서도 케냐 학생들이 어찌나 열심히 공부하던지, 덕분에 참으로 많은 걸 깨닫고 반성했습니다.

몇 해 전, 독일 어느 초등학교 교실에 들어갔을 때 일입니다. 교실 뒤편에는 기다랗고 투명한 원통 두 개가 나란히 놓여 있었습니다. 첫 번째 통에 '1,000'이라는 딱지가 붙어 있고, 안에 검은콩이 가득 있었습니다. 두 번째 통에는 '10,000'이라는 딱지가 붙어 있고, 쌀알이 가득 들어 있었습니다. 선생님은 1천과 1만이 얼마나 큰 수인지 알려주기 위해서 반 아이들과 함께 콩과 쌀을 셌다고 했습니다. 그 말에 저도 모르게 감탄사가 튀어나왔습니다.

이 책을 읽는 많은 분이 아이들에게 수학을 가르치고 있을 겁니다. 여러분은 아이들에게 '1천'이라는 수를 가르치기 위해 콩 1천 알을 함께 세본 적이 있으신가요. 고백하자면 저는 그때까지 한 번도 없었습니다. 이렇게 직접 손으로 세어보고 익힌 '1천'과 교과서에서 그림으로 배운 '1천'이 어떻게 같을 수 있을까요.

수영을 배울 때 어떻게 배우나요. 먼저 방법 설명을 듣고 물에서 발차기를 하고 음파음파 호흡을 익히고 물에서 힘껏 발을 차며 팔을 휘젓습니다. 누구도 영상을 보고 머리로만 이해하지 않습니다. 건반을 두드리지 않고선 피아노 실력이 늘지 않는 것과 같습니다. 우리는 피아노나 수영은 경험과 연습이 절대적으로 필요하다는 것을 알면서도 공부는 오로지 많이 배우는 것에만 힘을 쏟습니다.

배운 것을 익히게 하는 방법

지금껏 아이가 너무 많이 배우기만 하지는 않았나요. 배우는 것에만 힘써 왔다면 배움과 익힘 사이에서 균형을 잡아가세요. 읽었다면 쓰고, 들었다면 말하고, 외웠다면 바꿔보게 하세요. 내 손으로 직접 만지고, 내 머리로 궁리해서 응용하게 하세요. 이 과정이 빠지면 공부가 아닙니다. 공부는 배우고 익히는 두 단계로 완성된답니다.

최고의 아웃풋은 말하기와 글쓰기입니다. 학교에 다녀온 아이를 따뜻하게 안아주고 무엇을 재미있게 배웠는지 설명해 달라고 하세요. 이야기 나눈 내용은 아이와 함께 짧은 글로 남겨보세요.

 3

숙제는 싫어도 자기주도학습은 좋아하는 아이들

"선생님, 감사합니다. 선생님이 아이 스스로 공부할 수 있다고 했을 때 꿈꾸는 말처럼 들려서 안 믿었습니다. 그런데 어제 우영(초6)이가 혼자서 공부하는 걸 보고 너무나 놀랐습니다. 정말로 그게 가능하더라고요."

우영이 엄마는 A4 3장을 빽빽하게 채운 장문의 편지를 보내왔습니다. 전날 저녁 동생들 노는 소리가 시끄러운 속에서 우영이 혼자 잭이 빠진 헤드폰을 끼고 공부하고 있더랍니다. 집에 오면 노느라 바빴던 아이가 180도 달라진 모습으로 스스로 공부하는 것에 감동한 나머지 손편지를 쓰셨더군요.

스스로 공부하는 재미를 깨치면 초등학생도 놀라울 만큼 달라집니다. 저는 목욕하는 시간이 아까워서 지퍼 팩에 책을 넣고 공부한 아이, 새벽에 스스로 일어나서 공부한 아이, 운동장에서 그네 타면서 영어단어를 외우는 아

28

이도 보았습니다. 스스로 하고 싶어서 하는 공부는 세상 어떤 공부법보다 강력합니다. 부모가 고른 문제집을, 부모가 하라는 시간에, 부모가 원하는 만큼 공부하는 것과는 차원이 다릅니다. 공부의 주도권을 아이에게 천천히 넘겨주는 것이야말로 스스로 공부하는 힘을 키워주는 진짜 비밀입니다.

인간은 어떤 것이든 강제로 하라면 싫어하고 선택할 수 있는 자유를 주면 좋아합니다. 아이들이 푹 빠진 게임이나 학습만화도 마찬가지입니다. 학교에서 일주일에 세 시간씩 게임을 의무적으로 배워야 한다면 어떻게 될까요. 바른 자세로 앉아 매일 두 시간씩 학습만화를 읽고 독후감을 쓰라고 한다면요. 하기 싫어하겠죠.

아무리 재미있고 좋은 것도 억지로 하라고 하면 싫어지는 게 인간의 본성입니다. 공부도 선택의 권한을 주면 하고 싶어지고, 억지로 강요하면 하기 싫어집니다. 초등학생도 스스로 계획을 세워서 꾸려가도록 방법을 가르쳐주고 이끌어주면 시켜서 하는 공부보다 더 좋아합니다. 저는 이걸 〈세상을 바꾸는 시간, 15분〉에서 '숙제는 싫어도 자기주도학습은 좋아하는 아이들'이라고 소개했습니다.

스스로 정하고 좋아서 하게 만드는 법

뒤에서 다시 다루겠지만, 인간의 행동에 작용하는 가장 강력한 원리는 '습관'입니다. 좋은 습관을 심어주고 스스로 공부하는 방법을 가르쳐주세요. 그야말로 놀라운 일이 벌어집니다. 우영이처럼 공부 안 하던 아이가 책상에 앉고, 공부 못하던 아이는 성적이 쑥쑥 올라갑니다.

또, 아이 스스로 결정하고 선택할 수 있도록 작은 일부터 섬세하게 접근해 보세요. 평소에 아이가 자신에게 결정할 수 있는 권한과 선택의 여지가 있다는 걸 자주 느껴야 공부에서도 바른 습관을 선택하는 힘을 기를 수 있습니다. 그렇게 되면 부모가 해야 할 일은 눈에 띄게 줄고, 아이 스스로 공부하는 습관은 단단하게 잡힙니다. 특히 아이에게 권한을 줄 때는 믿고 확실하게 맡기되, 흔들리지 마세요. 하다 말다 해버리면 아무리 좋은 공부법도 효과를 보기 어렵습니다.

일주일에 하루라도 아이가 좋아하고 원하는 일을 마음껏 해볼 수 있게 허용해 보세요. 이날의 경험을 아이와 이야기 나눠보세요.

부모가 아이를 지켜보면서 공부 때문에 불안했다면 그 부분도 이야기 나누세요. 부모님이 솔직하게 이야기해야 아이도 솔직하게 이야기합니다. 부모와 공부 정서가 대립하면 아이는 공부를 안 하려 든답니다.

아이들의 집중 시간은 생각보다 짧다

딩동댕동. 경쾌하게 쉬는 시간 종이 울리면 복도와 운동장으로 아이들이 마구 쏟아져 나옵니다. 잠깐이지만 아이들은 쉬는 시간에 더없이 행복해 보입니다. 쉬는 시간은 공부를 좀 더 잘하기 위해서 존재하는 쉼표와 같은 것입니다. 잠깐의 쉬는 시간이 있기에 배우는 이도 가르치는 이도 한숨 돌리고 다시 공부할 준비를 할 수 있지요.

지금이야 전혀 놀랍지 않지만, 처음 교사가 됐을 때 학생들이 집중하는 시간이 너무나 짧아서 깜짝 놀랐습니다. 수업을 시작하고 10분쯤 지나면 아이들이 몸을 꼬거나 하품을 했습니다. 하는 수 없이 옛날이야기부터 레크리에이션까지 온갖 방법을 다 동원해야 했습니다. 1학년을 담임했을 때는 마음속으로 '최대 5분, 최대 5분' 중얼거릴 정도였습니다.

교사들은 아이들의 집중력이 짧다는 것을 너무나 잘 압니다. 40분 수업에 두세 가지 활동을 하면서 아이들의 집중력에 한계가 오기 전에 다른 활동으로 아주 자연스럽게 넘어가죠. 이렇게 하면 집중력이 흐트러질 즈음 다시 집중하고, 집중력이 흐트러질 즈음 다시 집중할 수 있습니다. 요즘은 교과서도 아예 그렇게 구성돼 있고요.

학교에선 이런 식으로 초등학생의 집중 시간이 매우 짧다는 것을 전제로 수업합니다. 가정에서는 어떤가요. 꼼짝 않고 적어도 한 시간은 공부해야 한다고 생각하지 않나요. 조금만 집중력이 흐트러져도 왜 이리 집중력이 짧냐면서 부모는 야단하지만, 정작 아이는 물 마시러 간다, 화장실 간다, 갑자기 책상을 치운다면서 꼼지락거리기 일쑤입니다.

'공부 시간'을 이기는 '공부 효율'

공부 결과가 양으로만 결정된다면 가장 오랜 시간 책상 앞에 앉아 있는 아이가 가장 잘할 겁니다. 하지만 어느 정도 절대적인 공부량을 채운 다음부터는 효율의 싸움입니다.

효율이 떨어지는 공부는 반드시 고쳐야 하는 나쁜 공부 습관입니다. 적게 공부하고 오래 남는 공부가 있다면 그게 바로 좋은 공부 아닐까요. 학자들이 검증을 마친 좋은 방법이 실제로 있기도 하고요.

학자들이 권장하는 가정 내 학습 시간은 초등학교 4학년 30~120분, 중학교 2학년 60~150분, 고등학교 2학년 90~180분입니다.[2] 초등학교 4학년에게 꼼짝 않고 앉아서 이 기준의 최고치인 120분을 공부하라고 하면 99.9퍼센트는 포기할 겁니다.

하지만 방식을 살짝만 바꿔보면 어떨까요. 학교에서 하듯이 40분을 목표로 공부하되, 이 40분 안에 두세 가지 활동을 구성해 보세요. 집중력은 높게 유지되고, 아이들은 숨통이 트입니다.

저는 작은딸 유진(초6)이와 공부할 때 20분에 목표를 둡니다. 공부하다 보면 자연스레 시간을 초과할지 몰라도, 20분이 넘어갈 묵직한 활동은 애초에 시키지 않습니다. 그마저도 슬슬 지루해하는 눈치가 보이면 잠깐 쉬게 한 다음 다른 활동으로 넘어가게 합니다. 학교처럼 집에서도 쉬는 시간이 있는 겁니다. 이렇게 하면 집중력은 그대로 유지하면서 하나씩 공부를 끝마치는 뿌듯함을 맛볼 수 있습니다.

특히 초등학생은 공부하는 시간대도 중요합니다. 어린이에게는 손 씻기, 식사하기처럼 집에 오자마자 해야 할 일이 있고, 책 읽기, 하루 일 되돌아보기처럼 자기 전에 해야 할 일이 있습니다. 어려운 과제는 집중력이 좋은 시간대에 해야 하고, 쉬운 과제는 아무 때나 해도 됩니다. 아이의 생활 패턴을 관찰해서 그 패턴에 맞추는 게 가장 좋습니다.

시간을 내서 아이를 유심히 관찰해 보세요. 한 가지 과제에 어느 정도 집중하는지 점점 눈에 들어옵니다. 집중력이 가장 좋은 때에 가장 어려운 과제를 하도록 하고, 집중력이 가장 흐트러질 때에 가장 쉬운 일을 수행하게 해야 효율을 높일 수 있습니다. 공부의 효율이 떨어지는 시간에는 푹 쉬는 편이 억지로 공부하는 것보다 낫습니다.

아이가 평소에 얼마나 집중하는지도 관찰해 보세요. 한 가지 활동에 적어도 20분은 집중할 수 있어야 합니다. 아직 20분이 안 된다면 조금씩 늘려가세요.

생활은 규칙적이고 각 과제는 명확하게 구분돼야 합니다. 저녁 먹으면서 텔레비전 보기, 책 읽으면서 간식 먹기보다 밥 먹을 때는 밥만 먹고 책 읽을 때는 책만 읽고 텔레비전 볼 때는 텔레비전만 보는 게 낫습니다.

저는 학교에서 시간표를 짤 때 5교시에 수학이나 읽기 수업을 넣지 않았습니다. 점심시간에 땀 흘리며 실컷 뛰어논 아이들이 어려운 수학 문제나 긴 읽기 지문에 집중하기란 쉽지 않기 때문이었습니다. 활동적인 일을 한 다음에는 잠시 쉬어야 차분해집니다. 가정에서도 마찬가지입니다. 활동적이거나 정신이 산만해지는 일을 했다면 몸도 마음도 차분해진 다음 공부하게 하는 편이 더 효과적입니다.

아이와 공부할 때 활동을 여러 가지로 구성해 보세요. 덜 지루해하고, 더 빨리 끝낼 거예요.

아이가 공부해야 하는 이유를 묻는다면

세라(초6)가 아침부터 교실에서 울고 있었습니다.

"엄마가 앞으로 열심히 안 할 거면 수학 학원도 그만두고 영어 학원도 그만 다니래요. 내일부터는 학교도 가지 말래요."

엄마가 오죽 화가 났으면 학교까지 가지 말라고 했을까 싶었습니다. 세라가 물었습니다.

"어차피 나중에 대학 갈 때도 공부할 거잖아요. 왜 지금 공부해야 돼요?"

만약 왜 공부해야 하는지 묻는다면 어른은 대답할 게 많을 겁니다. '세계 여행을 하기 위해서라도 영어를 공부해야지' '직장에서 승진하려면 승진 시험을 미리 대비해야지' '자기계발을 위해 독서는 필수지' 등등 삶의 경험과 가치관에 따라 다양한 답을 내놓겠죠.

그렇다면 초등학생은 어떨까요. 우리 아이들도 이렇게 앞날을 고민하면서 공부할까요.

저는 왜 공부해야 하는지 학생들에게 여러 번 설문해 봤습니다. 아이들은 어른들처럼 대답하지 않았습니다. '공부 잘하면 부모님이 좋아하시니까' '부모님이 공부하라고 하니까' '학원에서 숙제를 내주니까' '지금 공부 안 하면 나중에 대학 못 간다고 하니까'라고 대답했습니다.

어른은 내일을 위해 오늘의 즐거움을 참을 수 있지만, 아이들은 그렇지 않습니다. 오늘은 오늘일 뿐, 내일을 위해 당장 하고 싶은 재미있는 일을 참지 않습니다. 해야 할 숙제는 안 하고 게임만 하는 아이에게 "숙제 다 했니?" 물어보세요. "조금 있다가 할게" 태연하게 대답합니다. 눈앞의 즐거움을 참지 못하는 아이가 십 년 뒤를 대비해서 공부할 수 있을까요. 이건 어른들의 막연한 기대에 불과합니다.

초등학생에게는 '오늘 할 일을 오늘' '지금 이것 먼저' 하도록 습관을 잡아주는 게 더 효과적입니다. 오늘 할 공부를 오늘 끝마치는 것을 계속하다 보면 어느새 오늘이 아닌 내일을 사는 성숙한 학습자가 되기 때문입니다. 나중에는 세상과 나 자신을 이롭게 하는 진짜 공부를 하게 됩니다. 이런 훗날이 오려면 학교에서 가르치는 교사도 중요하지만 가정에서 코칭하고 안내하는 부모도 매우 중요합니다.

아이의 공부 목적을 찾아주는 대화법

2016년, 와이즈캠프라는 교육문화기업에서 초등학생 2,175명을 대상으로

'공부할 마음이 없어지게 만드는 한마디'가 무엇인지를 물었습니다.[3] 응답 가운데 '그럴 거면 그만해'(48퍼센트)가 1위를 차지했습니다. 세라 엄마가 했던 바로 그 말이지요. 학생들은 이런 말을 들으면 기분이 나빠지고 포기하고 싶어지고 속상하고 울컥하는 마음이 든다고 응답했습니다. 참고로 '숙제 안 할 거니?'(26퍼센트)와 '더 열심히 하지 그랬니?'(12퍼센트)가 각각 2위, 3위였습니다.

아이는 공부 방법과 목적을 차근차근 배워야 하고, 부모는 아이의 공부 조력자로서 어떻게 말하고 실천할지 고민해 보아야 합니다. 세라 부모님의 경우도 "그럴 거면 그만해"보다 "딱 한 번만 더 해보자"라고 말하는 게 낫습니다. 그래야 아이가 적어도 한 번은 더 도전합니다.

마찬가지로 "숙제 안 할 거니?"보다 "오늘 네가 해야 할 일이 뭐였지?"라고 묻는 게 낫습니다. 그래야 해야 할 일이 무엇이었는지 스스로 찾아내서 합니다. "더 열심히 하지 그랬니"는 "더 열심히 할 수 있어. 엄마가 도와줄게"로 바꾸면 좋겠지요.

왜 공부해야 하는지, 공부하면 무엇이 좋은지 아이와 이야기 나눠보세요. 아이가 평소에 관심이 있고 좋아하는 분야에 이미 성공을 거둔 위인들 이야기를 찾아보세요. 그 위인이 어릴 때 어떤 모습이었는지 함께 이야기 나눠보면 좋습니다.

아이와 함께 이야기해 보세요

1. 내가 생각하는 공부란 무엇인가요?

2. 아이가 무엇을 위해 공부해야 한다고 생각하나요?

3. 어렸을 때 나에게 공부는 어떤 것이었나요? 부모님께 야단 맞고 혼나게 만드는 것이었나요? 칭찬받고 상을 받는 것이었나요? 공부를 바라보는 자기 내면의 프레임을 이해하고 나면 아이가 공부를 어떻게 하길 기대하는지 깨달을 수 있습니다.

4. 공부의 주체는 누구인가요? 아이가 주체가 되려면 어떤 부분을 바꿔야 할까요?

5. 지금 아이가 하는 공부는 시간이 얼마나 걸리나요? 아이가 더 행복하게 공부하려면 어떤 부분을 바꿔야 할까요?

공부자존감을 높여라

자존감은 근육과 같습니다.

노력하면 높아지고 내버려두면 낮아집니다.

공부에도 자존감이 있습니다.

공부자존감을 먼저 챙겨야

공부도 잘할 수 있습니다.

1

'공부 못하는 아이' 꼬리표에 주눅 든 아이

공부 못하기로 유명했던 아이

재우(초6)는 학교에서 공부 못하기로 유명한 아이였습니다. 수학은 구구단을 다 못 외웠고, 국어는 『아기 돼지 삼형제』를 읽는 수준이었습니다.

"선생님, 재우는 공부 못해서 같은 모둠 하기 싫어요."

아무렇지 않게 이런 말을 하는 친구들 사이에서 재우는 많이 위축돼 있었습니다. 3월이 끝나갈 무렵 재우 엄마가 학교로 찾아왔습니다. 자리에 앉자마자 재우 엄마가 말했습니다.

"선생님, 우리 애는 공부머리 아니니까 공부시키지 마세요."

잠깐 당황했지만 마음을 다잡고 말씀드렸습니다.

"어머니, 공부머리 같은 건 없습니다. 공부는 못하는 게 아니라 안 하는 거예요. 제가 맡은 이상 이 1년 동안 재우가 얼마나 성장하는지 반드시 보여드

리겠습니다."

재우는 공부를 다시 시작했습니다. 1학년이 배우는 더하기 빼기부터 시작해서 6학년 공부까지 따라잡는 데 꼬박 1년이 걸렸습니다. 공부도 어려웠지만 친구들 사이에서 오랫동안 낙인찍혀 있던 '공부 못하는 아이'라는 꼬리표를 떼는 것은 더 힘들었습니다. 공부 실력이 늘어도 아이들 사이에서 좀처럼 인정받지 못하는 재우를 보면서 담임으로서 고민이 많았습니다.

'우리 선생님' 소리가 불러온 변화

이렇게 저렇게 궁리하다가 '가르치고 배우는 미션'이라는 프로젝트를 기획했습니다. 재우를 포함해서 반 아이들 모두 좋아하고 자신 있는 활동을 강좌로 만들게 했습니다. 그때 저도 아이들에게 가야금 수업을 들었고 재우에겐 높이뛰기를 배웠습니다. 서로 선생님도 되고 학생도 되어서 함께 가르치고 배우자 아이들은 자연스럽게 재우를 '우리 선생님'이라고 부르게 됐습니다.

이런 시간을 보내면서 재우는 서서히 달라졌습니다. 눈빛은 당당해졌고 움츠렸던 어깨는 펴졌습니다. 학교생활에 자신 있게 참여하고 열심히 공부하는 재우를 보는 친구들의 눈도 달라졌습니다. "재우는 못해"라고 서슴없이 말하던 아이들이 "재우는 잘해"라고 말하게 되었습니다.

재우는 학년말 수학시험에서 백 점을 맞았습니다. 재우가 백 점짜리 수학 시험지를 집에 가져간 날, 엄마가 저녁에 맛있는 고기반찬을 해주셨다고 합니다. 그러고는 밥상 앞에서 우시더랍니다. 다음 날 재우에게 이야기를 전해 들었을 때 저도 눈물이 핑 돌았습니다.

공부자존감의 중요성

학자들은 자존감이 인간의 삶에 큰 영향을 끼친다고 말합니다. 자존감이 높고 낮음에 따라 같은 실패를 겪고도 누구는 일어서고 누구는 주저앉습니다. 공부에도 자존감이 있습니다. 공부자존감은 공부에서 작은 성공과 성취를 꾸준히 경험했을 때 비로소 길러집니다. '나는 공부 못하는 아이'라고 무기력해 하는 아이라면 공부자존감을 높일 때까지 도와주어야 합니다.

자존감과 비슷한 뜻으로 자주 쓰는 말 중 '자기효능감'이란 말이 있습니다. 자기효능감은 자신을 유능하다고 여기는 정도를 말합니다. 전문가들은 자기효능감이 높은 학생일수록 학업성취가 높다고 말합니다.[4]

전문가들은 자기효능감을 높이는 방법으로 도전적인 과제를 제시하는 것과 구체적인 피드백을 꼽습니다. 자신의 수준보다 살짝 어려운 과제에 도전하도록 해주는 동시에, 이에 따른 즉각적이고 구체적이면서도 긍정적인 피드백을 꾸준히 해야 자기효능감을 높일 수 있고 학업성취도 이룰 수 있습니다.

자기효능감 못지않게 학업성취에서 중요한 것이 하나 더 있습니다. 정서적 유대감입니다. 어떤 상황에서도 아이를 지지해 주고 끝없는 관심을 보여주는 사람이 있을 때 공부를 잘할 수 있습니다. 아이 가까이에 있는 이들이 공부에서 어떤 태도로 아이를 대하는지 돌아보아야 합니다. 가족들이 아이에게 공부 때문에 습관적으로 상처를 주진 않는지, 공부에 대한 깊은 트라우마를 심는 것은 아닌지, 늘 되새겨봐야 할 것입니다.

재우는 공부만 하지 않았습니다. 공부를 잘하기 위해 다양한 정서적 노력을 함께 했습니다. 아이 스스로 자발적인 의욕과 동기를 내지 않으면 공부에 변화는 찾아오지 않습니다. 말을 물가까지 끌고 갈 수는 있습니다. 다만, 물을 마시려 고개를 숙이는 것은 말의 몫이랍니다.

　이 장에서는 아이가 공부를 잘하고 못하는 데 있어 공부자존감이 얼마나 큰 작용을 하는지에 대해 이야기해 보겠습니다.

2 성적이 점점 좋아지는 아이들의 세 가지 비밀

왜 누군 성적이 오르고 누군 성적이 떨어질까

"선생님, 지수(초5)가 4학년 때까지만 해도 공부를 잘했는데, 5학년 되고부터 성적이 잘 안 나와요. 지수랑 3년째 같은 반인 희영이는 성적이 많이 올랐다고 좋아하는데 지수만 자꾸 성적이 떨어지네요."

같은 시간, 같은 교사에게 같은 장소에서 배우는데 왜 누군 성적이 오르고 누군 성적이 떨어질까요. 한 연구에서 답을 추측할 수 있는 결과를 내놓았습니다.[5] 연구자들은 서울 시내 초등학교 11곳 학생과 학부모 1,785명을 종단연구했습니다. 초등 4학년 때 학업성취도를 바탕으로 6학년까지 3개 학년의 학업성취도를 분석했는데 아이의 학업성취는 발달 궤적에 따라 크게 여섯 유형으로 나뉘었습니다.

발달 궤적에 따른 여섯 가지 학업성취 유형

- 상위 유지형: 4학년 때 성적이 좋았고 이후에도 성적이 좋은 집단
- 중간 유지형: 중간 정도 성적을 유지하는 집단
- 하위 유지형: 4학년 때 성적이 안 좋았고 이후에도 성적이 안 좋은 집단
- 악화형: 성적이 점점 떨어지는 집단
- 상승형: 성적이 점점 오르는 집단
- 혼합형: 유지형과 변동형이 혼재된 집단

  (*초등 고학년은 유지형보다 악화형, 상승형, 혼합형 등 성적이 달라지는 경우가 많았음)

연구 결과, 아이들은 자아존중감이 높을수록, 가정에서 적절한 인지적 자극을 자주 줄수록, 학교가 민주적이고 긍정적일수록 성적이 점점 오르는 상승형 집단에 들어갈 확률이 높았습니다. 이 세 가지 요인이 바로 학년이 올라갈수록 성적이 오르는 아이들의 비밀입니다. 바꿔 말하면 공부를 점점 잘하게 되려면 아이 자신은 자존감이 높고 가정에선 인지적 자극을 자주 받으며 학교에선 민주적이고 긍정적으로 존중받아야 하는 것이죠.

여기서 인지적 자극이란 부모가 자녀 학업에 개입하거나 공부하도록 자극을 주는 정도를 말합니다. 이 연구에서는 신문 정기 구독 여부, 악기 보유 여부, 박물관이나 미술관, 과학관 등의 관람 횟수, 영화관이나 공연장의 방문 횟수, 어린이용 도서 보유 권수 등을 조사했습니다. 아이를 둘러싼 정서적 환경이 풍부할 때 공부를 더 잘하게 된다는 것을 알 수 있죠.

자존감 높은 아이가 공부도 잘한다

연구 결과에서도 알 수 있듯이 자존감 높은 아이가 공부도 잘합니다. 자존감 높은 아이는 현실에 쉽게 무릎 꿇지 않습니다. 어떤 경우에도 자신이 소중한 존재라는 것을 알기에 도전하고 또 도전해서 결과를 바꿀지언정 자신을 함부로 낮추지 않습니다. 경험상 이런 아이는 가르치기도 쉽고 성과도 빨리 나타났습니다.

이와 반대되는 현상을 '학습된 무기력'이라고 부릅니다. 학습된 무기력은 실패를 자주 경험한 결과, 해봐야 안 된다고 아예 시도조차 안 하게 되는 것을 말합니다. '해봐야 안 돼, 나는 공부 못하는 아이야'라고 생각하는 것이죠. 아이가 마음에 이렇게 벽을 쌓아버리면 나중엔 스스로 넘어서기가 무척 힘듭니다. 교사가 가르치기도 힘들고요. 앞의 사례에서 재우는 편견을 극복하기까지 1년 가까이 시간이 걸렸습니다.

공부에서 자존감을 키우는 가장 효과적인 방법은 평소 수준보다 살짝 어려운 과제에 도전하되 끝까지 하는 것입니다. 결과와 관계없이 끝까지 해내는 과정에 중점을 두고 지도하는 것이 중요합니다.

특히 점수에 연연하지 마세요. 초등학생을 가르치면서 점수나 등수 때문에 조바심 내는 것은 걸음마를 배우는 아이에게 "넘어지면 안 돼"라고 말하는 것과 같습니다. 어떤 상황에서도 대범하고 당당하게 "괜찮아. 다음엔 잘할 수 있어"라고 말해주세요.

아이는 우리가 믿는 그대로 자랍니다. 지금 못한다고 평생 못하지 않습니다. 괜찮습니다. 도전할 수 있도록 응원해 주세요. 아이는 분명 지금보다 한 걸음 더 나아갈 용기를 낼 것입니다. 저는 유진(초6)이에게 "너는 네가 생각하는 것보다 훨씬 위대한 사람이야"라고 자주 말해줍니다. 제가 그렇게 믿어야 아이가 그렇게 자란다고 믿기 때문입니다. 공부는 마라톤과 같습니다. 중간에 뒤처져도 꾸준히 노력하면 따라잡을 수 있습니다.

성효샘의
공부 멘토링

공부자존감을 키워주는
부모의 말 습관

아이가 공부를 잘했을 때 어떻게 칭찬하느냐도 중요하지만 기대만큼 못했을 때 어떻게 말하고 행동하느냐도 무척 중요합니다. 대화하자고 해놓고 잔소리를 해버리면 아이는 마음을 닫아버립니다.

결과를 떠나 어떤 상황에서든 담담하게 객관적으로 문제를 바라보세요. 항상 아이의 마음에 공감부터 해주세요. 아이 스스로 문제점을 찾아보게 하고 충분히 이야기한 다음 피드백하세요. 그래야 아이가 문제해결력도 기르고 자존감도 높일 수 있습니다.

아이의 시험 점수가 잘 안 나왔을 때 부모의 말과 행동이 더욱 중요해집니다. "점수가 이게 뭐야? 맨날 게임만 하더니 그럴 줄 알았어. 엄마(아빠)가 볼 땐 이만큼 점수 나온 것도 신기하다. 그렇게 놀기만 해서 뭐가 되려고 그러니?" 이렇게 지적하고 평가하는 말이나 행동이 먼저 나와서는 곤란합니다.

공부자존감을 키우는 부모의 말

1. 문제 상황 객관화하기

"결과가 잘 안 나왔구나."

2. 공감하기

"많이 속상하지."

3. 스스로 문제점 찾아보게 하기

"이번에는 무엇 때문에 결과가 안 좋은 것 같니?"

4. 아이 의견 듣기

"다음에는 어떻게 하면 좋을까?"

5. 아이 의견 들은 다음 피드백하기

"엄마(아빠) 생각에는 ○○ 부분을 보완하면 좋겠어."

6. 따뜻하게 안아주기

"결과는 만족스럽지 못하더라도 엄마(아빠)는 네가 어려운 공부에 도전했다는 것이 자랑스러워. 사랑해."

부모는 공부자존감을 떨어뜨리는 말이 무엇인지 잘 모를 수 있습니다. 아동인권단체 세이브더칠드런에서 선정한 '아이들에게 상처 주는 100가지 말'에서 공부와 관련된 말만 추렸습니다. 자신도 모르게 '공부자존감을 떨어뜨리는 말'을 하고 있었다면 '공부자존감을 높이는 말'로 바꿔보세요. 단, 마지막 세 개는 아이에게 절대로 해서는 안 되는 말이므로 공부자존감을 높이는 말 칸을 비워뒀습니다.

아이에게 상처 주는 말들[6]

공부자존감을 떨어뜨리는 말	공부자존감을 높이는 말
넌 못해, 하지 마.	하고 싶다면 방법을 함께 고민해 보자.
네가 뭘 안다고 그래!	네 생각은 알겠어. 같이 생각해 볼까?
오늘만 특별히 봐주는 거야!	이걸 하고 싶구나. 하지만 하고 싶은 대로만은 할 수 없어. 오늘은 이걸 해보면 어때?
성적이 왜 이래?	잘하고 싶은데 네가 원하는 만큼 성적이 안 나와서 속상하겠구나. 어떻게 하면 좋을지 같이 고민해 보자.

공부자존감을 떨어뜨리는 말	공부자존감을 높이는 말
너 바보야? 이것도 몰라?	아, 이걸 잘 몰랐구나.
○○이는 몇 점 맞았어?	지난번보다 성적이 올랐구나. 열심히 했나 보다. 축하해. 지난번보다 성적이 떨어졌구나. 괜찮니?
네 형(누나) 반만이라도 따라가 봐!	잘하고 싶었을 텐데 잘 안 되는구나. 도움이 필요하면 엄마(아빠)에게 말해줘.
당연한 걸 왜 물어?	이게 궁금하구나. 그래서 질문하는구나.
한 번만 더 하면 폰 뺏어버린다.	휴대폰만 보는 것 같아 걱정된다. 사용 시간 규칙이 필요할 것 같은데 네 생각은 어때?
이번 시험만 잘 보면 해달라는 거 다 해줄게.	이번 시험을 잘 보려면 어떻게 준비해야 할지 같이 고민해 볼까?
징징거리면서 할 거면 하지 마.	하고 싶은 게 있는데 뭔가 불편하구나? 왜 그런지 말해줄래?
다 너 잘되라고 그러는 거야.	엄마(아빠)는 이게 너에게 도움이 될 거라고 생각했어.
네가 웬일이니? 공부를 다 하게.	공부 열심히 하고 있구나.
셋 셀 때까지 해!	빨리 하면 더 좋겠는데 도움이 필요하면 이야기해 줘.
빨리 숙제부터 해!	숙제부터 하면 좋겠는데 네 생각은 어때?
좀 똑바로 말해봐!	네 말을 듣고 싶은데 잘 들을 수가 없네. 한 번 더 말해줄래?
그만 놀고 공부 좀 해라!	엄마(아빠)는 이제 네가 공부하면 좋을 것 같아.
학원비가 얼만데 수업을 빼먹어!	학원을 안 갔구나. 왜 그랬는지 말해줄래?

공부자존감을 떨어뜨리는 말	공부자존감을 높이는 말
잘했지만 조금만 더 하면 완벽할 것 같아.	네가 열심히 해서 해냈구나. 네가 만족해 하니까 엄마(아빠)도 기뻐.
절대 남한테 지면 안 돼.	
너 공부 안 하면 저 사람처럼 된다.	
공부도 못하는 게!	

위의 표를 인쇄해서 잘 보이는 곳에 붙여두거나 휴대폰 바탕화면으로 저장해 두세요. 말은 습관이라 노력하면 고칠 수 있습니다. 어떤 말이 아이에게 상처가 되는지 잘 모르겠다면 그 말이 부모님에게 상처가 되는 말인지를 살피면 됩니다. 만약 아이가 "돈도 많이 못 벌어오면서!"라고 말하면 부모는 어떤 기분이 들까요? 아이도 "공부도 못하는 게!" 소리를 들을 때 똑같은 기분이지 않을까요? 혹시라도 아이에게 공부 때문에 상처 될 말을 했다면 부드럽게 사과하고 이야기 나눠보세요.

전교 꼴찌에서 270일 만에 성적을 올려 의대에 합격한 학생이 있습니다.[7] 이 학생은 모의고사에서 틀릴 때마다 수능에선 맞을 수 있게 돼서 다행이라고 생각했다고 합니다. 멀리 내다보고 천천히 가세요. 긍정적인 사고방식이 가져다주는 건 단순히 기분 좋은 느낌만이 아닙니다. 실제로 좋은 결과를 가져다준답니다.

3 실력을 감추는 아이들의 속마음

쉬운 문제만 풀려고 하는 아이

재현이 엄마를 학부모 상담 주간에 만났습니다.

"선생님, 재현(초4)이는 문제집을 풀 때 쉬운 문제만 풀어요. 틀려도 괜찮다고 아무리 말해도 소용없어요. 어려운 건 손도 안 대요."

재현이가 쉬운 문제만 풀듯이 일부러 얇디얇은 쉬운 책만 읽는 아이도 있습니다. 독서냐 공부냐 차이일 뿐 문제의 핵심은 같습니다. 자신의 진짜 실력이 드러나는 것을 꺼리는 것입니다.

공부는 쉽게 얻은 건 쉽게 잊어버리고 어렵게 얻은 건 오래 남습니다. 어떤 문제든 낑낑대면서 혼자 힘으로 해결하기 위해 애쓸 때 실력이 늡니다. 그것도 아주 조금씩 말입니다. 이 '조금씩'이 충분히 쌓여야 비로소 실력이 늘었다는 것을 누구나 느낄 수 있을 정도가 됩니다.

실력을 키우고 싶다면 이 구간을 어떻게든 버텨내야 합니다. 아이가 고민할 새도 없이 부모가 답을 바로 가르쳐주거나 상급 학년의 풀이법을 가르쳐버리면 이 구간을 훌쩍 뛰어넘는 것과 같습니다. 실력이 제대로 늘지 않지요. 상위 1퍼센트 고등학생들도 어려운 수학 문제 하나를 푸느라 몇 시간씩 끙끙댑니다. 초등학생이 공부를 어려워하고 힘들어하는 것은 이상한 일도 아니고 안타까운 일도 아닙니다.

"선생님은 너희들이 실수하고 틀려서 존재하는 거야. 너희들이 뭐든 다 알고 뭐든 다 잘하면 선생님은 뭐 해 먹고 살겠니."

제가 학생들에게 입버릇처럼 하던 우스개입니다. 아이를 겨우 1년 가르치는 담임 선생님도 그럴진대 부모는 더 말할 것 없겠죠. 아이가 틀리고 어설프고 서투르니까 우리도 가르칠 게 있는 것입니다. 진짜 심각한 건 모르는데 모르는 걸 숨기는 아이입니다.

어려운 과제를 회피하는 이유는 낮은 자존감

전문가들은 자존감과 학업성취 사이에 깊은 상관관계가 있다고 말합니다. 재현이처럼 어려운 과제를 회피하는 것은 자존감이 낮은 아이들이 보이는 유형 중 하나입니다. 다음은 전문가들이 말하는 자존감이 낮은 아이들의 8가지 행동 유형입니다.

자존감 낮은 아이들의 8가지 행동 유형[8]

행동 유형	특징
중단하기	질 것 같거나 못할 것 같으면 그만두거나 포기한다. 예 체스를 두다가 판을 엎거나 '나 안 해' 하면서 자리를 뜨는 것
회피하기	실패할 것 같으면 아예 도전하려는 시도조차 안 한다. 예 회장 선거에 무관심한 척하거나 '그런 걸 왜 해?'라면서 무시하는 것
속이기	정당한 방법으로 일을 수행하지 못하고 편법을 쓴다. 예 부모님께 거짓말하거나 시험 중 부정행위를 하는 것
익살 부리기	좌절감을 감추기 위해 필요 이상 장난을 친다. 예 집에서는 얌전한데 학교 가서 너무 까불어서 매번 혼나는 것
지배하기	자신이 해야 할 일을 남에게 지시하는 등 군림하려 든다. 예 자기 가방을 친구에게 들게 하거나 심부름을 시키는 것
남 괴롭히기	자신의 부적절함을 감추기 위해 남을 못살게 군다. 예 친구를 때리거나 돈을 빼앗는 것
부정하기	현실을 인정하지 않거나 해야 할 일의 중요성을 낮추어 말한다. 예 시험이 내일인데 어렵지 않다면서 책조차 펼치지 않는 것
합리화하기	실수와 실패의 원인을 외부 환경이나 다른 사람 탓으로 돌리며 핑계를 댄다. 예 꽃병을 깬 것은 동생이 집에서 놀자고 한 탓이라며 우기는 것

자존감이 낮다는 것은 이렇게 자신에게 유리한 쪽으로 핑계를 대는 것을 말합니다. 겉으로 드러나 보이는 문제 행동은 친구를 때리거나 폭력적이거나 공부를 안 하거나 다른 사람을 탓하는 것이지만, 사실 이런 행동들 뒤에는 낮은 자존감이 숨어 있습니다.

초등학교 때는 학습량이 적고 내용이 쉽습니다. 쉬운 문제만 골라 풀면 진짜 실력이 잘 드러나지 않죠. 그러나 상급학교에서는 사정이 다릅니다. 배우는 양은 많고 내용은 어렵습니다. 어려울 때마다 과제를 회피하거나 도전하지 않으려 하면 실력이 금방 뒤떨어집니다.

아이의 자존감을 키우기 위해 부모가 할 일

공부를 잘하고 싶다면 자존감이라는 내면의 동기를 해결해야 합니다. 그렇지 않고 눈에 보이는 점수만 신경 써서는 효과가 안 나타납니다. 부모가 평생을 따라다니면서 대신 시험을 봐줄 게 아니라면 혼자서도 어떤 일에든 도전할 수 있는 단단한 아이로 키우셔야 합니다.

특히 아이가 어려워할 때 바로 도와주지 마세요. 아이가 요청할 때까지 기다리세요. 못 참고 부모가 나서면 아이가 스스로 배울 수 있는 기회가 사라집니다.

그리고 아이가 쉬운 문제만 푼다고 해서 어려운 문제에 곧장 도전하게 하는 건 금물입니다. 아이들은 힘들어하면서 회피하려 할 것입니다. 처음엔 쉬운 문제 8개에 어려운 문제 2개 정도 비율로 풀게 하고, 천천히 시간을 두고 어려운 문제의 비율을 높여가세요.

우리 아이에게 맞는 문제집 고르는 법

서점에서 초등학생용 수학 문제집에 실린 문제들을 보고 헛웃음이 나왔던 적이 있습니다. 초등학생이 배우는 교육과정과 사고 수준을 넘어서는 문제가 버젓이 초등학생 문제집에 실려 있었습니다.

이런 문제를 풀려면 어쩔 수 없이 중학생이나 고등학생이 푸는 해법이 필요합니다. 하지만 초등학교에서 미리 상급학교에서 배워야 할 풀이법을 당겨서 배워버리면 혼자 궁리하고 낑낑대는 시간이 사라지고, 그 자리에 간단한 공식이 와버립니다. 초등학교 때 배우고 익혀야 할 진짜 실력이 키워지지 않지요.

초등 수학 교육과정은 여러 영역으로 구성돼 있습니다. 수와 연산(수의 연산, 수의 체계), 도형(평면도형, 입체도형), 측정(양의 측정, 어림하기 등), 규칙성(규칙 찾기, 비례식 등), 자료와 가능성(자료처리, 가능성) 등입니다. 모든 영역을 다 잘하는 아이도 있지만, 그렇지 않고 영역별로 수준이 다른 아이도 많습니다.

예를 들어 연산은 잘하는데 도형은 못하는 아이가 있고, 도형은 기가 막히게 잘 푸는데 그래프만 나오면 헷갈리는 아이도 있습니다. 잘하는 영역은 자기 학년 문제집에서 적절한 문제를 풀고, 못하는 영역은 아래 학년이나 한 단계 낮은 수준의 문제집을 푸는 게 좋습니다.

아이에게 적절한 문제란 어떤 것일까요. 너무 어려운 문제는 풀기가 싫고, 너무 쉬운 문제는 풀면서 배우는 게 없습니다. 적절한 문제는 받자마자 바로 풀 수 있는 문제여서는 안 되고, 고민하면서 풀어내는 문제를 말합니다. 예를 들면 문제 열 개를 풀었을 때 예닐곱 개 맞히는 수준입니다. 이보다 더 어려운 문제를 주면 정답 개수가 다섯 개 이하로 떨어지는데, 이런 문제집은 풀 때마다 틀리는 문제 개수가 많아서 아이들이 문제집 푸는 것을 싫어하게 됩니다.

아이마다 문제를 풀 수 있는 역량과 수준은 다 다릅니다. 문제집을 사줄 때도 남들이 푼다고 해서 똑같은 걸 사주거나 요새 유행하는 문제집이라는 이유로 사주어서는 안 됩니다. 아이의 수준에 맞지 않는다면 도움이 안 된다는 점을 잊지 마세요.

시험기간인데
평소보다 더 놀아요

공부를 미루는 아이의 심리

"선생님, 준수(중1)가 시험기간만 되면 공부를 안 해요. 갑자기 책상을 정리한다고 하질 않나, 안 읽던 책을 읽질 않나. 보고 있으려니 속이 터지네요. 작년까지만 해도 열심히 했는데 뭐가 문제일까요?"

준수 엄마는 초등학교 졸업 후에도 준수 문제를 종종 상담했습니다. 준수는 왜 갑자기 시험기간에 안 읽던 책을 읽고, 책상을 청소하는 걸까요.

여러분도 이런 경험이 있을 겁니다. 공부하려고 책상 앞에 앉으면 책상이 왠지 지저분해 보여서 청소를 하고 싶어지고, 청소를 하다 보면 시간이 훌쩍 가버립니다. 시간을 다 써버렸으니 '오늘 공부는 글렀다. 내일부터 공부해야지' 하고 내일로 미루는 것 말입니다.

이때 공부를 하지 않고 미루는 이유는 따로 있습니다. 이런 경우의 속마음은 '내가 이번 시험을 못 본 것은 노력을 안 했기 때문이야. 능력이 부족한 게 아니라 그저 많이 놀았기 때문이지'입니다. 본인이 의식하든 의식하지 않든 나중에 실패할 것을 염려해서 노력하기에 어려운 상황을 만드는 것이죠.

심리학에서는 이런 현상을 '셀프핸디캡핑(self-handicapping)'이라고 부릅니다. 셀프핸디캡핑은 말 그대로 중요한 일이나 시험 등을 앞두고 좋은 성과를 거둘 수 없도록 불리한 상황을 만드는 것(handicapping)을 말합니다. 시험기간에 갑자기 두통이나 복통을 호소하는 것도 이런 경우입니다.

반대로 시험공부를 많이 하고도 친구들 앞에서는 공부를 전혀 안 했다고 엄살을 부리기도 합니다. 저도 대학 때 그런 소리를 많이 했는데, 학자들은 이 역시 셀프핸디캡핑이라고 말합니다. 이 경우, 노력을 안 했는데도 시험을 잘 보면 친구들이 머리가 좋다고 여길 것이고, 설사 시험을 못 봐도 친구들은 노력을 안 해서 못 본 걸로 생각할 테니 어느 쪽이든 손해가 아닙니다. 셀프핸디캡핑의 변형입니다.

셀프핸디캡핑을 하는 아이를 지도하는 방법

김주환 교수는 『그릿』에서 유능감과 자신감이 부족할수록, 능력 중심으로 사고할수록 셀프핸디캡핑이 자주 나타난다고 말합니다. 능력 중심으로 사고한다는 것은 타고난 머리가 좋아서 공부를 잘한다고 믿는 것을 말합니다. 이런 현상은 능력과 노력을 구별할 수 있는 초등학교 고학년 이상에서 주로 나타나고 여학생보다 남학생에게 나타날 확률이 높다고 합니다.[9]

이런 경우에 부모는 어떻게 해야 할까요.

첫째, 평소에 아이에게 능력이나 지능을 위주로 칭찬하지 않았는지 돌아보아야 합니다. "아빠 닮아서 머리가 좋아" "똑똑한 우리 딸" "우리 아인 영재인가 봐" 같은 말을 자주 들은 아이는 부모 앞에서 실패하는 상황을 만들고 싶어 하지 않습니다.

둘째, 공부 분량을 아이와 함께 정하세요. 학년이 같아도 아이가 감당할 수 있는 공부 분량은 아이마다 다릅니다. 어떤 아이는 수학 문제집을 하루에 두세 시간씩 거뜬히 풀지만 어떤 아이는 다섯 문제만 풀어도 지칩니다. 아이에게 맞는 공부 분량을 함께 찾아보고 약속한 분량은 책임감 있게 끝내도록 지도하세요.

셋째, 문제를 풀 때는 과정에 초점을 두세요. 어떤 부분을 어려워하는지 아이와 부모가 함께 알아야 약점을 보완할 수 있습니다.

넷째, 단호할 땐 단호해야 좋습니다. 계속해서 공부 약속을 못 지킬 때는 분량이 많은 것입니다. 이럴 땐 과감하게 학습 분량을 줄여주세요. 만약 분량이 적당한데도 의도적으로 미루려 하면 따끔하게 야단하고 오늘 일은 오늘 끝내도록 지도하세요.

다섯째, 다른 집 아이와 비교하지 말고 내 아이 속도에 맞추세요. 옆집에는 전교 1등만 산다는 우스개가 있습니다. '옆집 아이는 영어도 잘하고 수학도 잘하고 상도 많이 받는다는데 왜 우리 아이만 못할까' 생각하시나요. 모든 아이의 생김새가 다르듯 배우는 속도도 다 다릅니다. 아이 속도를 인정하고 부모가 맞춰야지, 부모의 기대 속도에 아이가 맞출 수는 없습니다.

처음 걸음마를 할 때 안 넘어지는 아이는 없습니다. 수없이 넘어지고 깨져야 잘 걷게 됩니다. 공부라는 긴 여정에서 초등학교 시절은 넘어지는 단계입니다. 자꾸 틀리고 실패해서 약점을 찾고 보완해야 나중에 약점 없이 공부합니다. 그러려면 부모가 먼저 과정과 노력을 중요하게 생각해야 합니다.

시험을 앞두고 평소 안 하던 일을 갑자기 하면서 할 일을 미루는 건 핑계일 가능성이 큽니다. 아이가 왜 핑계를 대는지 아이의 마음을 먼저 살펴보세요. 공부 분량이 너무 많은 건 아닌지, 쉬는 시간이 부족한 건 아닌지, 아이에게 정서적인 스트레스가 있는 건 아닌지, 집중력이 부족한 건 아닌지. 어디에든 원인이 있습니다. 이 원인을 찾아서 하나씩 해결해야 아이가 배움에 날개를 달 수 있답니다.

5

평소엔 잘하다
시험 때 실수하는 이유

아이의 실수에도 유형이 있다

"선생님, 재호(초6)는 평소에는 잘하다가도 중요한 시험에선 실수해요. 집에서 아무리 혼내도 고쳐지지 않네요. 어떻게 하면 좋을까요?"

재호는 학교에서도, 학원에서도 시험 실수가 잦았습니다. 다른 과목도 그랬지만 실수가 가장 눈에 띄는 것은 역시 수학이었습니다. 차분하게 풀면 얼마든지 풀 수 있으면서도 아는 것을 틀리거나 어이없는 계산 실수를 하는 경우가 대부분이었습니다.

공부를 아무리 열심히 해도 실제 성과로 이어지지 않으면 공부를 제대로 했다고 말하기 어렵습니다. 특히 실수가 많아서 점수가 안 나오는 경우라면 습관이 되기 전에 잡아주는 게 좋습니다.

이런 경우 부모는 아이를 야단부터 하지만 야단은 실수를 고치는 좋은 방법이 아닙니다. 실수는 부정적인 에너지를 먹고 자라기 때문입니다. 실수에 부정적인 에너지를 부어주면 부어줄수록 실수는 더 잦아지고 더 커집니다. "오늘도 실수하면 어쩌지" "잘 봐야 하는데" "큰 시험인데 걱정이네" 중얼거릴수록 실수는 더 많아집니다.

자세히 살펴보면 실수는 크게 세 가지 유형으로 나눌 수 있습니다. 시험 불안이 높아서 스트레스가 큰 유형, 문제에 집중하지 못하고 금방 딴생각으로 빠져버리는 산만한 유형, 문제를 이해하고 핵심을 파악하는 독해력이 떨어지는 유형입니다. 실수하는 아이들을 유형별로 지도하는 게 좋습니다.

먼저 시험 불안이 높은 유형입니다. 이런 유형은 평소에도 다른 아이보다 스트레스를 더 잘 받습니다. 예민한 유형이라 다른 아이들에겐 아무렇지 않은 작은 일도 이 아이들은 그냥 넘기기가 힘듭니다. 시험 볼 때도 괜히 불안해 하고 시험을 못 보면 어쩌나 걱정이 많습니다. 시험기간에 배가 아프거나 머리가 아프거나 하는 식으로 갑작스레 잔병을 앓기도 합니다.

주의가 산만한 유형은 문제에 끝까지 집중을 못 해서 실수합니다. 문제를 풀다가 딴생각에 빠지거나 풀이 과정을 빼먹는 일이 많죠. 집에서 문제집 풀 때는 산만한 게 티가 안 날지 몰라도 시험에서는 잠깐의 딴생각이 점수로 곧장 이어집니다. 집중력이 약하다면 따로 집중력 강화 훈련을 하는 게 좋습니다.

독해력이 떨어져서 문제를 정확하게 파악하지 못하는 유형도 있습니다. 이런 경우는 문제 자체를 이해하지 못합니다. '뭘 묻는 건지 모르겠어' 하면서 시험시간에 멍하니 앉아 있기도 합니다.

평소 책을 많이 읽으면 저절로 모든 과목에서 독해력이 길러진다고 오해하는 분도 많지만 아이가 동화책에서 읽던 문장과 시험지에 씌어 있는 문장은 결이 전혀 다릅니다.

예를 들어 수학 문장제 문제는 문장의 틀을 입었을 뿐, 핵심은 '숫자로 식을 만들 수 있는가'입니다. 불필요한 글자는 걷어내고 숫자에 집중해야 식을 만들 수 있습니다. 문장을 이해하는 능력이 떨어지는 유형은 문제를 어떻게 이해했는지 말로 다시 설명해 보게 하는 식으로 반복해서 지도하는 게 좋습니다.

유형에 맞게 지도하면 실수가 눈에 띄게 줄어듭니다.

아이의 실수에 대처하는 부모의 대화

아이들에게 실수했다고 무작정 야단부터 하면 안 됩니다. "아니, 왜 자꾸 실수하니? 엄마가 이렇게 실수하면 안 된다고 했잖아. 도대체 몇 개를 틀린 거야!" 같은 말을 듣게 되면 아이는 실수할까 더 긴장하고, 긴장해서 또 실수하는 식으로 실수의 악순환에 빠져버립니다.

부모가 아이의 실수에 어떻게 대처하면 좋을지 정리해 보았습니다. 앞에서 살펴본 '공부자존감을 키우는 부모의 말'을 그대로 응용했습니다.

아이의 실수에 대처하는 부모의 대화

아빠: 수아야, 네가 볼 땐 실수로 틀린 게 어떤 문제 같아? 아빠랑 같이 찾아볼까?

수아: (몇 문제를 짚어본다.)

아빠: **상황 객관화하기** 그래. 이거랑 이건 아빠랑 며칠 전에 공부한 거네. 수아 기분은 어때?

수아: 알면서 틀린 거라 조금 아까워.

아빠: **아이에게 공감해주기** 정말 그렇네. 알면서 틀린 거라 아깝다. 그치?

아이 의견 먼저 듣기 수아는 이 문제를 왜 틀렸다고 생각해?

수아: 문제를 꼼꼼하게 안 읽고 대충 읽었어.

아빠: **아빠 의견 말하기** 수아야, 실수는 누구나 할 수 있어. 아빠도 가끔 실수하잖아. 수아도 실수할 수 있지. 괜찮아. 하지만, 문제를 꼼꼼하게 읽는 일은 수아가 조금만 노력하면 얼마든지 해낼 수 있어.

아빠: **해결책 찾기** 어떤 부분에서 문제가 있었는지 살펴보고 고쳐보자.

아이 의견 먼저 묻기 수아는 어느 부분을 고치면 좋다고 생각해?

아이가 실수했을 때 어떻게 말해야 할지 마음속에 패턴을 세워두세요. 아이가 똑같은 실수를 반복할 때도 화내지 않고 부드럽게 대화할 수 있습니다.

실수를 줄이는
유형별 지도 방법

누구나 실수를 합니다. 실수했다고 다그치고 야단하면 더 자주 실수합니다. 사소한 실수가 습관이 되지 않도록 스트레스는 줄여주고, 집중력은 키워주세요. 실수에서도 얼마든지 배울 수 있고, 실패해도 언제든 다시 일어설 수 있습니다. 다음은 아이들의 실수 유형을 분류한 것입니다. 실수하는 유형에 따라 지도하는 방법을 바꿔주세요. 그래야 아이들이 실패에서 배우고 실수를 줄여나갈 수 있습니다.

실수 유형 1: 주의산만형

주의가 산만한 아이들은 집중력을 기르는 게 가장 중요합니다. 집중력이 길러지면 실수는 자연스럽게 줄어들죠.

공부를 시작할 때 책상부터 스스로 깔끔하게 정리하게 합니다. 학습에 방해되는 모든 물건이나 장난감을 아이들이 책상에서 스스로 치우게 합니다. 산만한 아이들은 특히 책상 위에 연필 한 자루, 지우개 하나 말고는 아무것도 없어야 합니다.

공부를 시작하고 나면 타이머를 이용해서 아이가 딴생각 없이 과제에 집중한 시간을 체크합니다. 처음에는 30초라도 좋습니다. 한 가지 일에만 오롯이 집중하게 하세요. 과제가 꼭 공부가 아니어도 좋습니다. 구슬 꿰기, 매듭 풀기, 퍼즐 맞추기, 바둑판에 바둑알 놓기 등 집중할 수 있는 일을 골라서 한 번에 한 가지 일만 하게 합니다.

집중하는 시간을 매일 조금씩 늘려갑니다. 처음에는 1분도 못 앉아 있는 아이라도 이렇게 지도하면 집중하는 시간이 차츰 길어집니다. 한 가지 일에 집중하는 시간이 5분 정도로 늘어나면 문장을 읽게 합니다. 처음에는 소리 내서 읽고, 거기에 익숙해지면 속으로 읽습니다.

문제집을 풀 때도 문제를 소리 내어 읽게 합니다. 읽은 다음 무슨 뜻인지 설명하게 하면서 문장을 제대로 이해했는지 살펴봅니다. 또 어떻게 풀어야 하는지 문제의 해법을 말해보게 합니다.

그다음엔 책을 읽거나 문제를 풀도록 합니다. 옆에서는 아이가 집중할 수 있는 시간을 타이머로 재 달력에 기록하고, 막대그래프로 그려서 아이에게 보여줍니다. 이런 식으로 원하는 과제에 집중하는 시간을 점점 늘려갑니다.

주의산만형 아이를 지도하는 방법

- 수학은 반드시 풀이 과정을 또박또박 정확하고 바른 글씨로 쓰게 합니다.
- 이때 줄 없는 공책을 세로로 길게 접어서 풀이 과정을 쓰게 하세요. 줄 있는
  공책에 쓰게 하면 줄 때문에 산만해집니다.
- 등식마다 줄을 바꿔서 쓰게 하세요. 이런 식으로 풀이 과정을 깔끔하게 정리
  하는 습관을 들입니다.

줄을 바꿔가면서 풀이 과정 쓰기

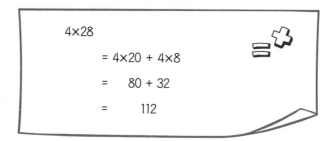

- 어디에서 실수했는지 살펴보고, 실수한 부분을 집중해서 지도합니다.

- 문제를 다 풀면 풀이 과정을 손으로 짚어가면서 아이가 다시 설명해 보게 하세요. 대충 건너뛰거나 빼먹은 부분이 눈에 띌 겁니다. 바로 아이가 잘 모르는 부분입니다. 이 부분만 다시 꼼꼼하게 설명해 줍니다. 이 과정을 반복해야 실수가 줄어듭니다.

- 지우개를 사용할 때는 글자 자국이 남지 않게 지우도록 합니다.

- 연산 실수가 잦은 아이는 모눈종이에 풀게 하세요. 핀란드 학생들이 배우는 수학 교과서에서는 아예 모눈종이에 연산 문제를 풀도록 하는 경우가 많습니다. 연산 실수를 눈에 띄게 줄이는 좋은 방법입니다.

모눈종이에 풀 때와 그렇지 않을 때

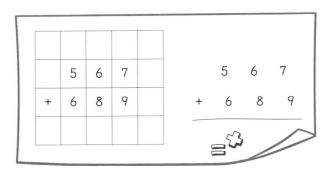

- 책이나 교과서를 읽을 때 하얀 종이로 아래를 가리고 읽게 합니다. 읽는 줄에만 집중하게 하는 가장 쉽고 좋은 방법입니다.

- 문제를 풀 때 중요한 단어에 동그라미를 치게 합니다. 동그라미에만 집중해서 문제를 다시 읽어보게 합니다.

스트레스를 잘 받는 아이들은 스트레스를 잘 다스리게 하는 것이 중요합니다. 우리 뇌는 스트레스가 높아지면 인지능력과 학습을 담당하는 전두엽의 기능이 떨어집니다. 긴장하거나 떨리면 전두엽이 제대로 기능을 못하기 때문에 아는 것도 생각이 안 나죠. 시험을 잘 보고 싶어도 못 보는 상황이 만들어집니다.

불안이 높고 스트레스를 많이 받는 유형은 평소에 스트레스를 다스리는 명상이나 마음 훈련을 하는 게 좋습니다. 시험을 칠 때는 시작 전에 심호흡을 하거나 눈을 감고 마음을 차분하게 가라앉히는 것이 크게 도움이 됩니다.

명상을 할 때는 먼저 조용하고 편안한 곳에서 앉거나 눕습니다. 처음 하는 경우는 하다가 잠이 드는 경우가 많기 때문에 앉는 게 좋습니다. 그런 다음 눈을 감고 조용히 심호흡을 합니다. 호흡에만 집중하는데 이때 마음속으로 숫자를 세거나 '감사합니다' '사랑합니다' 같은 말을 조용하고 낮은 소리로 읊조리는 것이 도움이 됩니다.

계속 호흡하면서 차분하게 마음을 가라앉힙니다. 누군가와 싸웠거나 크게 다퉜을 때, 게임을 오래 했거나 스마트폰 같은 시각적 자극을 지나치게 받은 경우에 특히 효과가 좋습니다. 단 1분이라도 눈을 감고 심호흡을 하게 하면 마음이 한결 편안해집니다.

스트레스형 아이에게는 긍정적인 자아상을 찾게 하는 것 또한 중요합니다.

긍정적인 자아상을 찾는 첫 번째 방법은 부모가 아이의 장점을 함께 찾아보는 겁니다. 그 목록을 일기장이나 예쁜 공책에 또박또박 써보게 하면 좋습니다. 한 걸음 더 나아가 함께 읽고 이야기도 나눠보세요.

긍정적인 자아상을 찾는 두 번째 방법은 아이가 기억하지 못하는 어린 시절 이야기를 들려주는 겁니다. 부모님이 아이에게 "너는 어릴 때 엄마한테 이야기를 많이 들려줬어" "아빠는 네가 처음 '아빠' 하고 불렀을 때가 아직도 생각나" "엄마랑 같이 목욕탕 갔을 때 말이야. 얼마나 재미있었는지 몰라" 하는 이야기를 들려주면, 아이가 어려서 아무것도 하지 못했을 때조차 부모가 아이를 얼마나 사랑했는지, 아이가 얼마나 많이 사랑받으면서 자랐는지 부모도 아이도 새삼 깨달을 수 있게 됩니다. 이때 아이가 느낀 점을 공책이나 일기장에 써보게 하세요.

스트레스형 아이를 지도하는 방법

시험 때문에 생기는 불안과 스트레스를 이겨내기 위해 다음과 같은 단계로 훈련을 하게 합니다. 마지막 단계를 마치면 기분이 어떤지 이야기를 나누면서 불안이 느껴지지 않을 때까지 반복해서 함께 연습합니다. 시험 보기 직전에 이 훈련을 하게 되면 그것만으로도 마음이 편안해지고 자신감으로 가득 차게 됩니다.

① 눈을 감고 시험을 볼 때를 상상해 봅니다.

② 상상 속에서 시험시간을 맞아 떨리고 긴장되는 마음을 불러옵니다.

③ 그 불안과 걱정을 동그란 공처럼 뭉친다고 상상해 봅니다.

④ 공을 점점 부풀려서 펑 하고 터지는 것을 상상합니다.

⑤ 머릿속에서 완전하게 공이 사라진 것을 확인합니다.

⑥ 심호흡하면서 편안함을 느낍니다. 충분히 편안함이 느껴지면 눈을 뜹니다.

⑦ 기분이 어떤지 이야기 나눕니다.

⑧ 불안이 느껴지지 않을 때까지 반복해서 함께 연습합니다.

⑨ 시험을 보는 상황에서도 같은 방법으로 심호흡합니다. 조용히 눈을 감고 불안이 마치 풍선이 터지듯 사라지고 편안해지는 것을 상상합니다.

독해력이 떨어져서 실수를 많이 하는 아이들은 문제를 읽고 무엇을 묻는 문장인지 아이가 부모에게 다시 설명해 보게 하는 게 좋습니다. 구체적으로 다음과 같이 지도해 주세요.

독해력 부족형 아이를 지도하는 방법

아이가 문제를 읽고 풀 때 다음과 같은 질문을 해주세요. 아이 스스로 문제를 파악하고 이해하는 데 도움을 줄 수 있습니다.

- 이 문제가 묻는 것이 무엇일까?
- 이 문장이 무슨 뜻인지 요약해서 말해볼래?
- 문제에서 핵심이 무엇인지 짧게 설명해 볼래?
- 이 문제에서 구해야 하는 답이 무엇인지 말해볼래?
- 이 문제에서 가장 중요한 단어는 무엇일까? 왜 그렇게 생각했니?
- 문제에서 가장 중요한 단어에 동그라미 쳐볼까? 동그라미에 집중해서 다시 읽어볼래?
- 이 문제는 어떻게 풀어야 할까? 친구한테 말하듯이 천천히 설명해 볼래?

질문을 던졌을 때 더듬거리거나 잘 설명하지 못한다면 문제 자체를 이해하지 못하는 것입니다. 이때는 천천히 부모님이 다시 설명해 주고 아이가 이해했는지 확인한 다음 아이 말로 다시 설명해 보게 하세요. 내가 이해한 것을 내 말로 설명하는 것은 공부에서 매우 중요한 과정이며 학업성취도를 높일 수 있는 가장 효과적인 방법입니다.

6

수학 대마왕을 잡는
도돌이표 공부법

학년이 올라갈수록 수포자가 많이 생기는 이유

'영포자' '국포자' 같은 말을 들어본 적 있으신가요. 낯설지요? '수포자'는 많이 들어보셨을 겁니다. 다른 과목과 달리 유독 공부를 완전히 포기해 버리는 경우가 많은 과목이 수학입니다. 사교육걱정없는세상과 박홍근 의원이 발표한 정책자료집 「수포자 없는 교실을 위한 2015 수학교육과정 개정을 제안한다」에 따르면 우리나라 학생 7,719명(초6 2,229명, 중3 2,755명, 고3 2,735명) 가운데 초등학생 수포자는 36.5퍼센트, 중학생 수포자는 46.2퍼센트, 고등학생 수포자는 무려 59.7퍼센트였습니다.

왜 학년이 올라갈수록 수포자가 많아질까요. 수학이 다른 과목보다 더 위계가 철저하기 때문입니다. 예를 들어 초5 1학기 때 배우는 약수와 배수는 중1 때 배우는 소인수분해의 기초가 됩니다. 이것은 중2 때 제곱근, 고등학교 때 복소수와 이차방정식으로 심화됩니다. 초등학교 땐 별것 아닌 것처럼 보이는 약수와 배수가 훗날 이차방정식의 근을 구하는 기초 개념이 되는 것입니다. 이렇듯 수학 교과서에 나오는 모든 개념, 모든 원리가 다 중요하기 때문에 학생들이 가장 성실하고 꼼꼼하게 공부해야 하는 과목도 수학입니다.

어떤 아이도 수학을 그냥 못하지는 않습니다. 머리가 나쁘거나 수학머리가 없어서도 아닙니다. 앞에서 놓친 채 지나온 구멍이 있고 진도가 나가는 동안 놓친 부분과 연계된 다른 부분까지 구멍이 커진 것입니다. 이 구멍들을 모두 찾아서 메꾸지 않으면 수학은 영원한 미궁이 돼버립니다.

뜬금없는 이야기로 들리시겠지만 저는 초등학교 2학년 때 수학 경시반에 들어갔습니다. 언니 오빠들이 푸는 수학 문제를 같이 풀었습니다. 중학교 때 수학을 가장 잘했고 고등학교 때도 수학만큼은 자신 있었습니다. 그런데 뒤늦게 사춘기가 찾아오는 바람에 고2 때 1년 동안 모든 공부에서 손을 뗐습니다. 그 1년 동안 교과서 한번 펴보지 않고 시험을 봤으니 결과야 말 다 했죠.

고3 때 정신 차리고 다시 공부를 시작했습니다. 그런데 뜻밖에도 수학만큼은 도저히 따라갈 수 없었습니다. 그전까지 가장 잘했던 게 수학이었는데 말이지요. 수학은 정말로 위계가 너무나 철저해서 저처럼 깨끗하게 놀아버린 뒤에 따라잡으려면 그 앞의 앞의 앞까지 되돌아가서 공부를 다시 시작하는 수밖에 없습니다. 이런 공부를 저는 '도돌이표 공부법'이라고 부릅니다.

수학, 포기 말고 '도돌이표 공부법'으로

초등학교 때는 공부량이 많지 않기 때문에 도돌이표 공부법으로 얼마든지 승부를 볼 수 있습니다. 물론 상급학교로 올라가면 죽어라 노력해야 따라잡습니다. 따라잡으면 그나마 다행이고 저처럼 못 따라잡는 경우도 허다합니다. 그런 아이들을 '수포자'라고 부르죠.

지금 수학을 못한다고 영영 못할까요? 그렇지 않습니다. 저처럼 초등학교 때 잘했다고 해서 끝까지 잘할까요? 그런 보장도 없습니다. 그저 차근차근, 놓치지 않고 꾸준히 가는 것이 가장 좋습니다.

수포자를 되살리는 도돌이표 공부법

엄마: 수아야, 같은 문제를 계속 틀렸네.

한 단계 낮추기 엄마가 두 자릿수 곱하기 두 자릿수 문제를 몇 개 내볼게. 한번 풀어볼래?

수아: 오, 이건 소수 나눗셈 문제보단 쉬운데? 한번 해볼까?

① 연산에 문제가 없는 경우

자연수의 나눗셈 문제를 풀게 한다. → 틀리지 않을 때까지 반복한다. → 소수점 찍는 문제로 넘어간다. → 소수점 찍는 부분만 집중해서 다시 가르친다.

② 연산에 문제가 있는 경우

곱셈 문제를 내준다. → 같은 유형의 문제를 숫자만 바꾸어서 계속 푼다. → 틀리지 않을 때까지 반복한다. → 자연수 나눗셈 문제를 푼다. → 틀리지 않을 때까지 반복한다. → 교과서에 나오는 소수의 나눗셈 문제를 내준다.

엄마: 이제 연산은 잘하네. 그럼 엄마한테 소수가 뭔지 설명해 볼래?
수아: 응, 한번 해볼게.

① 설명할 수 있는 경우

소수의 덧셈을 푼다. → 소수의 곱셈을 푼다. → 소수의 나눗셈을 푼다.
→ 소수의 나눗셈 문제를 틀리지 않을 때까지 반복해서 푼다.

② 설명하지 못하는 경우

소수의 개념을 설명한다. → 눈금자, 눈금 있는 물병 등을 이용해서 직관
적으로 이해하게 한다. → 소수의 개념을 문제로 만들어보게 한다. → 소
수의 덧셈, 뺄셈, 곱셈, 나눗셈 순으로 문제를 푼다.

　도돌이표 공부법은 이렇게 잘 모르는 부분을 모두 찾아서 꼼꼼하게 다시 공부하는 걸 말합니다. 자기 학년 공부를 따라갈 만큼 실력이 붙을 때까지는 교과서로 가르치세요. 이때는 문제집을 풀어봐야 모르는 문제만 자꾸 나오기 때문에 오히려 속도가 더뎌집니다. 처음은 힘들지 몰라도 이런 식으로 공부하면 수학은 반드시 잘하게 돼 있습니다.

　2020년 서울대를 졸업한 김예은 학생은 중학교 때까지 피겨스케이팅 선수로 활동했습니다. 고등학교 1학년 때는 전교 300등 안팎이었고 가장 못한 과목은 수학으로 40점대 5등급이었습니다. 이 학생은 문제에 여러 개념이 나오면 각각 개념들을 모두 찾아서 처음부터 다시 공부했다고 합니다. 결국 재수 끝에 수능에서 3개를 틀려 서울대와 수도권 의과대학에 동시 합격했습니다.[10]

수학이 어려운 과목이란 건 맞는 말입니다. 저도 수학 강자에서 수학포기자로 밑바닥까지 떨어져 봤기 때문에 수학을 포기하는 학생들 마음을 충분히 이해합니다. 하지만 그렇기에 수학은 해냈을 때 그만큼 뿌듯하고 기쁜 마음이 몇 배로 큰 과목이기도 합니다. 수학에서 공부자존감이 떨어져왔다면 반대로 수학에서 공부자존감을 최고로 끌어올려 보세요. 도돌이표 공부법이 도움이 되어줄 겁니다.

"선생님, 초등 수학은 연산이 반이라고 해서 연산을 열심히 시키고는 있는데요. 이 방법이 맞는지는 잘 모르겠어요. 언제까지 연산만 해야 할지도 모르겠고요."

학부모님들에게 종종 듣던 고민입니다.

수학의 시작은 숫자입니다. 숫자를 가지고 놀다 보면 자연스럽게 덧셈, 뺄셈, 곱셈, 나눗셈으로 이어지는 것이고 이걸 교육과정으로 만들어놓은 게 수학 교과서입니다. 이런 교육과정의 체계를 이해하고 나면 무엇부터 시작해서 어디로 나아가야 할지 눈에 들어옵니다. 수 감각을 기르고 수학과 친해지도록 학년별로 지도할 내용을 정리했습니다.

초등 저학년 수학 감각 기르기

초등 저학년은 수업 시간에 수와 기초 연산을 익힙니다. 연산을 감각적으로 잘할 때까지 연습하는 게 수학 자신감을 기르는 데는 가장 좋습니다. 수학에서 수와 연산을 어느 정도로 중요하게 생각하는지 교과서를 보면 알 수 있습니다. 모든 학기를 수나 연산으로 시작하고 있습니다. 방학 때 연산 연습을 해두는 게 왜 중요한지 알 수 있죠.

초등학교 수학 교과서 단원명

1학년 1학기 1단원. 9까지의 수

1학년 2학기 1단원. 100까지의 수

2학년 1학기 1단원. 세 자릿수

2학년 2학기 1단원. 네 자릿수

3학년 1학기 1단원. 덧셈과 뺄셈

3학년 2학기 1단원. 곱셈

4학년 1학기 1단원. 큰 수

4학년 2학기 1단원. 분수의 덧셈과 뺄셈

5학년 1학기 1단원. 자연수의 혼합계산

5학년 2학기 1단원. 수의 범위와 어림하기

6학년 1학기 1단원. 분수의 나눗셈

6학년 2학기 1단원. 분수의 나눗셈

이런 구조에서 연산 실수가 많으면 어떻게 될까요. 학기 초반부터 헤매게 되기 때문에 아이는 '난 수학을 못하나 봐. 수학은 어려워'라고 되뇌게 됩니다.

연산은 문제를 보면 거의 감각적으로 답이 머릿속에서 떠오를 정도로 연습하는 게 좋습니다. 연산문제집을 많이 풀다 보면 자연스레 답을 외우게 되기도 하지만, 암산을 훈련하면 더 빨리 잡힙니다. 저는 학생들에게 아침 자습으로 두 자릿수 곱하기 두 자릿수 암산 문제를 매일 다섯 개씩 풀게 했습니다. EBS 〈다큐프라임〉 '교육대동여지도-교사 고수전' 편에 출연했을 때도 저희 반 학생들이 아침 자습으로 암산을 하던 장면이 나왔습니다.

암산을 연습하기 위해 문제집을 따로 사거나 학원에 갈 필요는 없습니다. 평소에 차를 타고 오가면서 보는 자동차 번호판으로 연습하면 됩니다. 번호판 숫자들을 모두 더하거나 두 개씩 묶어서 더하도록 하세요. 하루에 다섯 문제만 연습해도 실력이 쑥쑥 늡니다. 처음엔 속도가 더디고 잘 못하지만, 인간의 뇌는 하면 할수록 잘하도록 스스로 구조를 변경할 만큼 가소성이 큽니다. 암산 정도는 아무것도 아닙니다.

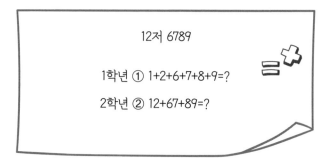

12저 6789

1학년 ① 1+2+6+7+8+9=?

2학년 ② 12+67+89=?

초등 중학년 수학 감각 기르기

초등 중학년부터는 문장제 문제가 나옵니다. 실제 가르쳐보면 이 시기 학생들의 읽기 수준은 동화책을 읽고 즐거워하는 정도이지만, 교과서 문제들은 결코 가벼운 동화책 수준이 아닙니다. 2학년 때 수학 교과서를 생각하고 3학년 수학 교과서를 보면 당황스러울 정도입니다.

저학년에서는 수를 가지고 논다는 개념으로 접근하지만 3학년부턴 본격적으로 수학이라는 교과목을 배우게 됩니다. 교과로 분화된 수학은 하나의 학문이기 때문에 내용도 훨씬 복잡하고 어렵습니다. 특히 눈에 띄는 것은 평면도형, 각도, 삼각형, 사각형 등 도형을 배운다는 것과 분수와 소수라는 생소한 개념을 배우게 된다는 것입니다.

자연수는 아이들이 직접 만지고 셀 수 있지만, 분수나 소수는 곧바로 이해되지 않습니다. 0.5나 5/10는 어른들의 세계에선 이해하기 쉬울지 몰라도 아이들이 보면 '그게 뭐야?' 머릿속에 물음표만 잔뜩 찍힙니다. 아이들이 배우는 수학이 구체적으로 만지고 볼 수 있는 개념에서 추상적인 수학 개념으로 접어들었다는 뜻입니다.

이 시기에 중요한 것은 구체적인 개념을 추상적인 개념으로 바꾸는 경험을 하게 해주는 것입니다. 예를 들면 분수가 무엇인지 머릿속에 스스로 개념을 세울 수 있을 때까지 사과, 소시지, 피자, 책, 케이크를 다양하게 나눠보기, 사각형과 삼각형을 머릿속에 상상만으로 그려낼 수 있을 때까지 주변에 있는 삼각형과 사각형을 찾아보게 하는 것들입니다. 사각형과 직육면체는 평면과 입체라는 엄청난 차이가 있습니다. 2차원과 3차원의 도형이라는 이 어마어마한 괴리를 아이들은 머리만으로 이해할 수 있어야 하는 것입니다.

이렇게 직접 이해하고 경험하는 과정이 빠져버리면 구체적인 개념에서 추상적인 개념으로 나아가는 중간 다리가 없는 것과 같습니다. 이 시기에는 모르는 것이 티가 안 날지 몰라도 5~6학년군에서 소수를 계산해야 하거나 입체도형을 배워야 할 때는 뭐가 뭔지 잘 모르는 상태가 돼버립니다. 연산은 이 시기에도 꾸준히 해두면 좋습니다. 자동차 번호판으로 두 자릿수 곱하기 두 자릿수 암산을 하는 정도면 충분합니다.

두 자릿수 곱하기 암산하기(중학년 이상)

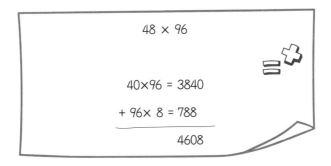

초등 고학년 수학 감각 기르기

초등 고학년 수학은 이미 추상적인 세계로 넘어온 뒤입니다. 이 시기에도 아직까지 평면도형을 잘 모르고 있거나 연산에서 헤매고 있다면 반드시 되짚어서 다시 꼼꼼하게 지도해야 합니다.

고학년 수학은 어렵게 생각하면 한없이 어려워 보입니다. 그런데 알고 보면 이 시기에 배우는 가르거나 묶는 것, 규칙적인 대응과 관계를 이해하는 것, 비와 비율, 공간과 입체 등은 모두 실생활과 관련이 있는 것입니다. 즉, 수학을 실생활의 문제로 연결해서 학생들에게 창의적인 문제해결 역량을 길러주기 위한 것입니다.

아르키메데스가 "유레카!" 하고 외쳤던 것을 떠올려보세요. 아르키메데스가 구했던 것은 욕조의 부피와 금덩이의 부피를 구하는 문제의 답이었습니다. 지금 대한민국 아이들이 초등 6학년에서 배우는 것과 크게 다르지 않습니다.

비례배분을 익히거나 그래프를 읽고 이해하는 것도 모두 실생활과 관련이 깊습니다. 주변에서 이런 문제 상황을 찾아보고 다양하게 문제로 만들어서 해결해 보게 해야 수학을 잘할 수 있습니다. 신문 기사에서 그래프, 확률, 비율 등이 나올 때 문제로 변형해서 풀어보게 해도 좋고, 직접 문제를 만들어보게 해도 좋습니다.

실생활과 관련한 문제 만들어 풀기

대통령 선거 예비 후보 지지율

A후보: 28.9%

B후보: 36.2%

C후보: ?

① 부모님이 만든 문제: 2021년 기준 대한민국 유권자 수는 5,300만 명이다. 다음 대통령 선거에 세 명만 출마할 경우, C후보는 표를 얼마나 얻을 수 있을까?
 - 답 구하기:

- 풀이 과정 설명하기:

② 내가 만든 문제:

....

....

시중에서 유행하는 사고력, 심화, 최상위 등의 수식어가 붙은 초등 수학 문제집도 사실은 모두 이런 실생활 문제를 응용한 것들입니다. 그렇게나 어렵게 여겨졌던 문장제 문제가 다른 무엇도 아니고, 우리 실생활에서 겪는 이야기들의 변형이라고 생각하면 수학이 조금은 쉬워질 겁니다. 아이의 수학 자존감을 높이는 방법은 어렵지 않습니다.

아이와 함께 이야기해 보세요

1. 우리 아이는 특별히 싫어하거나 못하는 과목이 있나요? 있다면 어떤
   과목이고, 왜 그렇다고 생각하시나요?

2. 아이가 해당 과목에서 어려워하는 것을 극복할 수 있다고 생각하시나
   요? 아이와 이야기 나눠보세요.

3. 아이가 어려워하는 과목을 극복하기 위해 어떻게 도와줄 수 있을까요?
   구체적인 방법에 대해 함께 이야기 나눠보세요.

4. 2장에서 나온 공부법 가운데 당장 실천해 볼 수 있는 것은 무엇인가
   요? 어떻게 활용할 수 있을까요?

공부머리 신화를 깨라

공부에 대한 가장 오래된 신화는 단연 지능입니다.

공부머리는 타고난다는 신화를 내려놓는 순간

진정한 성장도 시작됩니다.

저 닮아서
공부를 못해요

공부머리는 타고나는 걸까

"선생님, 저희 시댁이 다 S대 출신이에요. 큰아주버님, 작은아주버님, 시누이 둘까지 모두 S대 나왔어요. 근데 민형이 아빠만 S대를 못 가서 공부 콤플렉스가 있어요. 민형(초3)이가 조금만 실수해도 아빠 닮아서 공부 못하면 안 된다면서 심하게 야단해요. 민형이도 자기처럼 공부머리 없으면 어떻게 하냐고 매일 걱정하고요. 하지만 선생님, 공부는 열심히 하면 되는 거 아닌가요. 민형이 아빠랑 저랑 생각이 자꾸 부딪쳐서 고민이에요."

비슷한 고민을 여러 학부모에게 들었습니다. 우리 아인 공부머리를 타고나서 공부를 잘한다는 분도 있었고, 공부머리가 아니니까 공부를 시키지 말라고 했던 학부모도 있었습니다.

인간은 누구나 백지와 같은 상태로 태어납니다. 어린 시절에 부모의 생각과 철학, 가치관을 흡수하여 깨끗한 백지 위에 밑그림으로 그리지요. 부모에 따라서 어떤 아이는 밝고 경쾌한 밑그림을, 어떤 아이는 우울하고 불안한 밑그림을 그립니다. 여기에 다양한 경험과 학습을 덧입혀서 아이는 서서히 자신만의 그림(인생)을 완성해 갑니다.

공부도 같은 이치입니다. 어떤 아이든 처음엔 자신의 능력에 한계를 긋지 않습니다. 어릴수록 못하는 게 없습니다. 유치원 교실에선 "저요! 저요!" 외치던 아이들이 상급학교로 올라갈수록 수업 시간에 말이 적어집니다. 고등학교 교실에선 잠을 자는 아이들, 성적 때문에 비관하는 아이들이 나옵니다. 이게 타고난 공부머리가 없기 때문일까요.

아이의 가능성에 한계를 긋지 마세요

아이들에게 한계를 그으면서 할 수 없다고 말하는 것은 알고 보면 우리 어른입니다. 부모가 '내가 어렸을 때 공부를 못했으니까 내 아이도 그럴 거야' 생각하면서 불안해 하면 아이는 부모의 불안을 고스란히 학습합니다. 자신감이 떨어지고 무기력해지고 실패에 주저앉습니다. 부모의 잘못된 믿음이 잘할 수 있는 아이를 못하게 만드는 것입니다.

아이는 부모와 닮았지만 부모와 전혀 다른 존재입니다. 아이가 부모와 같은 삶을 살고, 같은 식으로 배운다고 생각하는 것은 잘못된 믿음입니다. 아이보다 먼저 불안해 하지 마세요. 공부에 기대감을 갖고 즐겁게 배울 수 있도록 해주세요. 오늘 배운 이야기를 부모에게 신나게 떠들 수 있도록 마음에 여유를 주고 의견을 말할 기회를 주세요. 아이의 가능성을 미리 한정 짓지 말고 어떤 것이든 잘 배울 수 있고 즐겁게 공부할 수 있다고 가능성을 열어 두세요. 부모가 "우와, 정말 재미있는 것을 배우는구나. 내일은 수업 시간에 더 흥미로운 것을 배우겠네!"라고 말해주면 더 좋겠지요.

민형이는 아빠가 걱정한 것과 달리 공부를 잘해냈습니다. 평소에 노력을 강조한 민형이 엄마가 아이와 함께 책을 읽고 글을 쓰고 공부하고 놀아주면서 아이를 믿어주었기 때문입니다. 부모가 책을 읽는 모습, 공부하는 모습을 오랜 시간 자연스럽게 보여주면 아이도 공부에 관심을 갖고 좋아하게 됩니다.

비록 부모는 어렸을 때 공부를 못했더라도 자녀만큼은 얼마든지 공부 잘하는 아이로 키울 수 있습니다. 공부머리는 타고나는 게 아니라 만들어가는 것이니까요.

이번 장에서는 공부머리와 관련된 여러 오해와 이를 극복하고 진짜 공부 머리를 만드는 방법들을 살펴보겠습니다.

배우는 속도가 느린 아이
가르치는 법

"선생님, 보영(초6)이 보면 속이 터져요. 전에 검사해 봤는데, IQ가 높은 편이 아니더라고요. 그래서 그런지 공부도 천천히, 시험도 천천히, 다 느려요. 이렇게 해서 어느 세월에 친구들을 따라잡으려나 모르겠어요. 시험 볼 때마저 이렇게 느려서 어떻게 해요."

보영이 엄마가 한숨을 깊게 내쉬었습니다. 보영이 엄마 말대로 교실에서 똑같은 시간에 똑같은 내용을 공부해도 빠르게 배우는 아이가 있는가 하면 친구들보다 느린 아이도 있습니다. 보영이는 느린 쪽이었습니다. 질문하면 한참 기다려야 대답을 들을 수 있었고 쪽지 시험지 한 장을 풀어도 친구들보다 두 배는 시간이 걸렸습니다. 보영이처럼 느린 아이는 빠른 아이를 정말로 따라잡지 못할까요.

배우는 속도가 빠른 아이는 초반에 남들보다 더 많이 배웁니다. 학습 속도가 빠른 만큼 더 많이 공부할 수 있고, 그만큼 공부를 잘할 가능성이 높습니다. 보영이처럼 느린 아이가 이런 격차를 따라잡는 것은 얼핏 불가능해 보일 수도 있습니다. 그런데 흥미롭게도 공부는 속도전이 아닙니다. 게다가 초등학교는 학습의 기초를 다지는 시기이기 때문에 속도는 크게 중요하지 않습니다.

빠르게 배우는 아이가 공부를 잘하는 것은 누적 학습량이 많기 때문입니다. 뒤집어 생각해 보면 느리더라도 꾸준하고 성실하게 공부하면 초반에 치고 나간 빠른 아이의 학습량을 따라잡을 수 있습니다. 『이솝 우화』에 나오는 토끼와 거북이처럼 말입니다.

"사람에 따라 배우는 속도는 다 달라요. 느릴 수도 있고 빠를 수도 있어요. 보영이처럼 성실한 아이라면 충분히 따라잡을 수 있어요. 그리고 시험시간은 40분이니까, 40분 안에만 풀면 돼요. 친구들을 따라 하느라 빨리 풀고 실수하는 것보다 보영이는 보영이 방식대로 40분을 채워서 풀되, 실수를 줄이는 쪽이 낫습니다."

그 말에 보영이 엄마 얼굴이 밝아졌습니다.

"정말 그러네요. 시험시간은 40분이니까 그 안에만 풀면 되는 거네요."

속도가 느린 아이에게 문제를 빨리 풀도록 강요하면 스트레스를 받습니다. 평소 속도대로 풀되, 주어진 시간을 100퍼센트 활용하여 시험 치는 방법을 가르쳐주는 게 좋습니다. 집에서 공부할 때는 타이머를 이용해서 문제당 풀이 시간을 제한하는 식으로 습관을 잡아주면 세월아 네월아 느리던 것도 점점 당겨집니다. 보영이도 같은 방법으로 성적이 올랐습니다. 엄마가 많이 좋아하셨지요.

기질적으로 다른 아이보다 느린 아이도 있습니다. 이해력이 아직 부족할 수도 있고, 배우는 속도가 느릴 수도 있습니다. 다른 아이와 비교하면서 속상해하고 안타까워하지 마세요. 내 아이와 다른 아이의 속도는 원래 다릅니다. 내 아이에게 맞는 속도를 파악하고 적절한 지도 방법을 고민하세요.

느리다고 자꾸 야단하면 '나는 느리니까 공부 못하는 아이'라는 정체성이 만들어집니다. 그보다 "공부 시간이 길어지면 힘들고 지루해지니까 조금만 당겨보자"라는 식으로 부드럽게 말해주세요. 느리게 배우는 아이들은 자기 속도대로 천천히, 꼼꼼히, 성실하게 공부하도록 지도하는 게 좋습니다. 관련해서 몇 가지 지도 방법을 소개합니다.

1. 교과서 활용하기

교과서는 기본 개념을 잘 이해하는 게 가장 중요합니다. 천천히 하나씩 짚어가면서 가르치세요. '문장 읽기 → 문제 이해하기 → 문제 푸는 방법 찾기 → 답 구하기'의 단계로 지도하면 됩니다.

'문장 읽기' 단계에서는 문장을 여러 번 천천히 읽어서 이해하도록 합니다. '문제 이해하기' 단계에서는 문제에서 제시된 상황이나 개념을 이해하는 것과 문제를 풀기 위해 알아야 할 것들을 차근차근 이해할 수 있도록 도와주세요. '문제 푸는 방법 찾기' 단계에서는 다양한 문제 해결 방법을 찾아보도록 도와주세요.

'답 구하기' 단계에서는 아이가 스스로 답을 구하게 한 다음, 맞는다고 생각하는지 틀렸다고 생각하는지 알아보거나 틀린 부분을 찾아보게 합니다. 특히 왜 답이 되고 안 되는지 생각해 보는 마지막 단계는 메타인지를 기르는 중요한 과정이므로 꼭 차근차근 이야기 나누세요.

교과서 활용 예시

6학년 1학기 수학

• 학습 목표: 두 수를 비교해 볼까요.
• 제시된 문제: 준기네 학교에서 알뜰 시장을 열기로 했습니다. 6학년 친구들은 준비하는 사람과 판매하는 사람 3명으로 한 모둠을 구성하려고 합니다. 준비하는 사람 수와 판매하는 사람 수를 비교해 봅시다.

1. 문장 읽기

"이해할 수 있을 때까지 문장을 천천히 읽어봐. 여러 번 읽어도 괜찮아."

2. 문제 이해하기

1단계

"어디에서 있었던 일이니?"

"알뜰시장이 뭐야?"

"준비하는 사람이 무슨 뜻이야?"

"판매하는 사람이 무슨 뜻이야?"

"모둠을 구성한다는 게 무슨 뜻이야?"

2단계

"이 문제에서 가장 중요한 단어는 무엇일까?"

"이 문제에서 가장 중요한 문장은 무엇일까?"

"이 문제를 풀려면 무엇을 이해해야 할까?"

3. 문제 푸는 방법 찾기

"준비하는 사람과 판매하는 사람은 각각 몇 명이니?"

"뺄셈으로 비교해 볼까?"

"나눗셈으로 어떻게 비교할 수 있을까?"

4. 답 구하기

"답을 구해볼까?"

"답이 맞았다고 생각하니? 틀렸다면 어떤 부분에서 틀린 것 같니?"

2. 핵심 개념 찾기

문제집에 요약된 개념만 읽어보게 하거나 대충 넘어가면 모르는 것만 점점 많아집니다. 반드시 하나씩 짚어가면서 스스로 설명하고 이해하게 하세요. 이때도 처음부터 핵심 개념을 찾으라고 하면 못 찾습니다. 처음에는 범위를 넓게 하고 점점 좁혀가는 식이 좋습니다.

핵심 개념을 찾아주는 질문

① 이 페이지에서 가장 중요하다고 생각하는 문장은 무엇이니?

② 가장 중요하다고 생각하는 단어는 무엇이니?

③ 이 단어가 무슨 뜻인지 이야기해 볼래?

④ 이 문장을 아빠한테 한번 설명해 볼까? 아빠가 이해하는 거랑 유정이가 이
해하는 거랑 같은지 궁금하네.

3. 스스로 문제 만들기

아이가 배운 내용으로 문제를 만들어보도록 이끌어주세요. 핵심 개념을 활용해서 문
제를 만들 수 있으면 내용을 이해한 것이고, 문제를 못 만들면 아직 이해하지 못한 것입
니다. 앞의 과정을 반복해서 다시 짚어줍니다.

스스로 문제를 만들게 하는 질문

① 방금 공부한 걸로 문제를 만들어볼래? 답까지 같이 만들어야 해.

② 이 문제에서 묻는 건 뭐야? 유정이가 낸 문제를 풀려면 무엇을 알고 있어야 할까?

③ 이 문제를 친구들은 맞힐 것 같니? 틀린다면 왜 틀릴까?

4. 복습하기

공부한 뒤에는 꼼꼼하게 복습합니다. 배운 내용을 적어도 일주일 뒤엔 다시 공부해야
기억에 남습니다. 복습할 때도 천천히 짚어가면서 한 문장, 한 문장 꼼꼼히 챙겨주세요.

① 이거 지난번에 공부한 거야. 어떤 내용이 중요하다고 했는지 설명해 볼래?

② 가장 중요한 단어가 무엇이지? 그 단어가 무슨 뜻인지 설명해 볼래?

③ 지난번에 문제도 만들었지? 아빠가 문제를 내볼 테니까 유정이가 풀어봐.

④ 지난번에 다룬 중요 개념을 설명해 볼까? (틀리는 부분만 다시 짚어준다.)

5. 타이머 활용하기

다섯 번째는 타이머를 이용하는 방법입니다. 먼저 공부하는 데 걸리는 시간을 정확하게 파악하세요. 원하는 목표를 아이와 함께 세웁니다. 공부 시간을 조금씩 줄여서 목표 시간에 도달하도록 합니다.

타이머 활용법

1. 객관적인 상황 파악하기

"유정아, 혼자서 교과서 한 페이지 공부하는 데 얼마나 걸리는지 시간을 재보자."

"다섯 문제 푸는 데 얼마나 걸리는지 확인해 보자."

2. 객관적인 상황 설명하기

"지금 재보니까 18분 걸렸어."

3. 더 나은 방향 정하기

"시간이 너무 오래 걸리면 공부하는 것도 힘들고 지루해지니까 시간을 줄여보자."

4. 아이 의견 먼저 묻기

"유정이는 몇 분까지 줄일 수 있다고 생각하니?"

5. 부모 의견 말하기

"엄마(아빠)는 유정이가 적어도 12분까지 줄여보면 어떨까 생각해."

6. 목표 정하기

"그러면 앞으로는 한 페이지 읽는 시간을 10분으로 하자. 목표를 책상에 크게 써서 붙여놓자."

7. 방법 설명하기

"엄마(아빠)가 타이머를 맞출게. 10분 안에 한 페이지 읽는 거야. 시간 안에 읽으려면 지금보다 조금 더 집중하면 돼. 한번 해볼까?"

8. 공부한 내용 확인하기

"유정아, 한 페이지 읽는 데 10분 걸렸어. 이제 내용 확인해 보자. 가장 중요한 문장은 뭐라고 생각하니? 가장 중요한 핵심 단어는 뭘까? 이 쪽에서 설명하려는 것이 무엇일까?"

2

IQ 높으면 공부도
저절로 잘하는 거 아닌가요?

IQ만큼 중요한 7개의 지능

"선생님, 우리 석훈이는 IQ가 전국 상위 3퍼센트에 들어갑니다. 아무래도 머리가 좋다 보니까 공부는 저절로 되는 것 같아요."

석훈(초6)이 엄마가 학부모 상담 때 했던 말입니다. 학교에선 다 안다면서 선생님 설명도 잘 안 듣는 석훈이였습니다. 망설이다가 머리가 아무리 좋아도 끝까지 성실하게 마무리하는 태도가 중요하다고 간곡하게 말씀드렸습니다. 하지만 석훈이 엄마는 공부에 전혀 문제가 없다며 신경 쓰지 않았습니다.

IQ(Intelligence Quotient)는 개인의 지능이 얼마나 발달해 있는지 수치로 나타낸 지능지수입니다. 헨리 뢰디거 외 2인이 쓴 『어떻게 공부할 것인가』에 따르면 지능지수는 같은 연령의 다른 사람들과 비교했을 때 상대적으로 얼마나 능력이 뛰어난지를 측정하는 것이기에 평균값을 100으로 잡습니다.

예를 들어 여덟 살 아이가 열 살 아이가 풀 만한 문제를 푸는 경우 $10 \div 8 \times 100$을 계산한 125가 이 아이의 지능입니다.[11]

IQ검사는 프랑스 심리학자인 알프레드 비네(Alfred Binet)가 최초로 고안했습니다. 지금은 개인의 논리력과 언어능력을 측정하는 도구로 널리 쓰이지만, 비네는 특수교육이 필요한 학생을 가려내기 위해 IQ검사를 고안했다고 합니다. 비네의 의도와 지금 우리가 생각하는 IQ검사의 목적은 거리가 멀어도 한참이나 먼 셈입니다.

학자들은 인간에게 중요한 지능은 IQ만 있는 게 아니라고 주장합니다. 인간에게 읽고 셈하는 지능만 있다면 앨범을 내놓을 때마다 세계를 뜨겁게 만드는 방탄소년단, 스무 살에 피겨스케이팅으로 세계를 제패한 김연아 선수를 어떻게 설명할 수 있을까요.

미국 심리학자 하워드 가드너는 인간에게 크게 여덟 가지의 지능이 있다고 말합니다. 사람마다 강한 지능이 있고, 그를 뒷받침하는 여러 지능이 있다는 다중지능이론입니다. 멘털이 강하기로 유명한 김연아 선수는 신체운동 지능과 자기이해 지능이 우수하게 나왔다고 하지요. 자기이해 지능은 성공한 인물에게서 공통적으로 발견되는 지능이라고 합니다.

하워드 가드너의 8가지 다중지능

논리 · 수학적 지능	비판적으로 생각하고 숫자와 추상적 개념을 다루는 능력
공간 지능	3차원적 판단을 할 수 있고 마음의 눈으로 시각화하는 능력
언어 지능	언어를 다루는 능력

신체운동 지능	신체적인 민첩함과 몸을 통제하는 능력
음악 지능	소리, 박자, 음, 음악에 대한 민감성
대인관계 지능	다른 사람과 잘 어울리는 능력
자기이해 지능	자기 자신을 올바로 이해하고 자신의 지식과 능력을 정확히 판단하는 능력
자연탐구 지능	자연환경을 분류하고 관계를 맺는 능력

다중지능이론에서는 모든 지능을 소중하게 여깁니다. 논리·수학 지능이나 언어 지능만 소중한 게 아니라 대인관계 지능도 음악 지능도 똑같이 소중합니다. 실제로 우리 곁에는 언어 지능이 뛰어난 사람이 있는가 하면 음악 지능이 뛰어난 사람도 있습니다. 이 모든 지능이 어우러져 우리 사회를 만듭니다. 다양한 강점 지능들을 존중하고 인정해 주면 아이들도 맘껏 공부할 수 있습니다.

국립부설초등학교에서 2학년을 담임할 때 다중지능과 관련한 수업 연구를 했습니다. 먼저 다중지능 검사를 해서 강점 지능별로 모둠을 나누고 학습 방식을 선택하게 했습니다. 언어 지능이 뛰어난 학생들은 글로 쓰거나 자료를 읽으면서 토론하고 음악 지능이 뛰어난 학생은 노래를 짓거나 가사를 바꿔서 부르는 식이었습니다. 수업이 끝나고 수업 만족도와 이해 정도를 설문했는데 90퍼센트 넘는 아이들에게서 긍정적인 답이 쏟아졌습니다.

누구에게나 노력은 필요하다

석훈이는 중학교에 올라가서는 게임에 빠졌습니다. 아이는 공부에 흥미를 잃었고 성적은 오르지 않았습니다.

앞에서 살펴보았듯이 공부에는 지능 말고도 다양한 요인이 맞물려 있습니다. 가정환경, 부모의 양육태도, 학생의 자존감과 자기효능감, 학교 분위기, 담임 교사나 친구와의 관계, 성실성, 학습 전략 등 매우 많은 요인이 복잡하게 얽혀 있습니다. 지능은 여러 요인 중 하나일 뿐이니 머리가 좋고 나쁜 것에 너무 연연할 필요는 없습니다.

머리 좋은 아이도 노력이 필요합니다. 그러려면 부모님과 선생님의 도움이 필요하죠. 영리한 아이인데 공부를 안 한다면 끈기와 열정을 길러주세요. 빨리 끝내는 것보다 끈기 있게 끝까지 마무리하는 것을 강조하는 부모님과 선생님의 피드백이 중요합니다. 칭찬할 때도 머리가 좋은 것보다 성실하게 노력하는 것을 자주 칭찬하세요. 그래야 아이가 노력의 가치를 배울 수 있습니다.

"선생님, 저희 유민(초3)이는 어릴 때부터 배우는 속도가 빨랐어요. 집중력도 아주 좋고요. 아이는 영리한데, 가정에선 어떻게 해줘야 할지 모르겠어요."

엄마가 말해주기 전에 유민이가 여느 아이들과 다르다는 것을 저도 느끼고 있었습니다. 유민이는 본인이 좋아하는 과제를 할 땐 누가 옆에서 불러도 못 들을 만큼 깊이 몰입했고 문제 하나를 풀어도 남과 다른 독창적인 방법으로 해결했습니다. 지적 호기심도 뛰어나고 매우 의욕적인 한편 호불호가 강해서 친구들과 자주 부딪치기도 했습니다.

학자들은 과제집중력, 학습몰입, 독창성과 문제해결력, 탐구전략, 메타인지, 지적 호기심 등을 영재의 특성으로 꼽습니다. 유민이가 보여준 모습들이지요. 유민이는 영재일 가능성이 컸고, 엄마는 유민이의 잠재적 발전 가능성과 학습 능력, 인성교육을 고민하고 있었습니다.

이런 아이들은 잘 이끌어주면 원리를 깨치고 새로운 것을 알게 되는 배움을 몹시 즐깁니다. 물론 워낙 학습 욕구가 강해서 점수나 등수에 예민하게 반응하기도 합니다. 중요한 것은 이런 아이라 해도 안내를 잘해줘야 혼자서도 자신이 해야 할 공부와 과제를 찾아서 열심히 공부한다는 겁니다. 즉, '적절한 자극 → 동기 부여 → 노력 → 성취 → 동기 부여 → 노력'과 같은 선순환이 생기는 것입니다. 영리한 아이가 공부를 잘할 가능성이 높은 이유는 공부의 선순환이 다른 아이보다 쉽게 만들어지기 때문입니다.

유민이는 저와 함께 과학탐구대회에 나갔습니다. 학교 공부로는 만족할 수 없던 아이가 교과서 밖으로 나가자 너무나 즐거워했습니다. 유민이는 대회를 처음 준비하는 것이었는데도 놀라운 집중력과 잠재력을 보여주었습니다. 유민이의 이런 모습에 저도 놀랐고 엄마도 놀랐습니다. 새로운 공부 방식을 익히면서 유민이의 학교생활도 달라졌습니다. 지적 호기심이 충족되자 친구들과도 잘 어울리게 됐지요.

덧붙이자면 영재라고 해서 공부를 잘하는 것은 아닙니다. 영재인데 공부를 못하는 아이도 있고, 영재가 아닌데 공부를 잘하는 아이도 있습니다. 그해 유민이보다 공부를 잘하는 영재 아닌 아이도 반에 여럿 있었습니다. '영재이니까 공부를 잘하지 않을까' '영재가 아니니까 공부를 못하겠지' 같은 생각은 섣부른 판단입니다.

개인적인 생각이지만 저는 아이가 어릴수록 누구나 영재의 모습을 보여준다고 생각합니다. 아기들은 배우는 것을 진심으로 좋아합니다. 하루 종일 자기 발가락 하나 가지고도 재미있게 놉니다. 좋아하는 일에 빠지면 옆에서 불러도 못 들을 만큼 몰입하고, 어른들은 도저히 흉내 내지도 못할 창의적인 방식으로 문제를 해결합니다. 모든 아이가 타고나는 영재성을 깎아서 평범하게 다듬는 게 어쩌면 우리가 만들어놓은 교육 시스템이 아닐까 싶기도 합니다.

우리나라 「영재교육진흥법」에서는 영재를 '재능이 뛰어난 사람으로서 타고난 잠재력을 계발하기 위해 특별한 교육을 필요로 하는 자'로 정의합니다. 영재에게 맞춤형 특별교육이 필요하단 뜻입니다. 지금은 공교육에서 받지 못하는 특별교육을 사교육이나 다른 기관에서 받기도 합니다. 이건 우리 공교육이 앞으로 특별하게 더 노력하고 관심을 가져야 할 부분입니다.

아이마다 배우는 속도는 다 다릅니다. 느리게 배우는 아이가 있는가 하면 빠르게 배우는 아이도 있습니다. 자기 속도대로 공부할 수 있게 도와주는 게 아이들에게는 맞춤형 교육입니다. 빠르게 배우는 아이는 학교 공부를 마친 다음 학교 공부와 연계해 더 넓고 깊이 공부하도록 도와주는 게 좋습니다. 처음만 방향을 잡아주면 나중에는 본인이 좋아하는 다양한 주제를 스스로 파고듭니다.

아이가 유난히 배우는 속도가 빠르다면 어떤 분야에 관심이 있는지 확인해서 그 분야의 지식을 더 확장해 가도록 해주세요. 체험학습도 좋고 견학도 좋고 독서도 좋습니다. 수학이나 과학에서는 도움이 될 프로그램이 많지만 언어나 예술 같은 인문 분야는 상대적으로 교육 프로그램이 부족합니다. 가정에서 관심을 갖고 지도해 주셔야 합니다.

1. 명상하기

배우는 속도가 빠른 아이들은 조급하게 결과를 보려 합니다. 유민이도 친구들이 배우는 속도가 더디거나 잘 이해하지 못하면 짜증을 내곤 했습니다. 그러던 유민이가 아침마다 가족과 함께 명상을 시작했고 마음을 차분하게 가라앉힌 다음 학교에 왔습니다.

2. 교과서 밖 주제 탐구하기

유민이한테는 과학탐구대회가 잘 맞았습니다. 대회 준비를 몹시 재미있어했고 제가 내주는 과제보다 더 많은 것을 혼자서 공부했습니다. 교과서 밖으로 지적 여행을 할 때는 교과서에서 배운 내용을 연계해서 폭넓게 공부하도록 해주세요.

교과서 밖 주제 탐구 활동의 예시

- 헌법을 배운 다음, 외국의 헌법을 찾아서 우리 헌법과 대조해 보기
- 지구의 공전을 배운 다음, 태양이나 다른 천체의 공전 공부해 보기
- 수학을 배운 다음, 수학자의 삶을 바탕으로 수학 역사 연표 만들기
- 분수를 배운 다음, 조각보 만들어보기
- 한국사를 배운 다음, 세계사 100대 사건과 한국사 100대 사건을 연대별로 비교해서 정리하기

아이가 교과서에 나오는 문제나 지식을 기본 단계로 가볍게 배우고 나면 심화 단계로 교과서에서 제시하지 않는 새로운 풀이법을 개발하게 합니다. 예를 들어 분수를 공부할 때 나오는 정사각형 4등분 문제에서 교과서는 아래와 같은 정답을 보여줍니다.

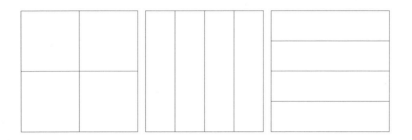

유민이도 처음엔 친구들과 똑같이 풀었습니다. 그래서 교과서에는 없지만 이렇게 자를 수도 있다고 가르쳐주었습니다.

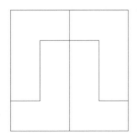

그날 하루 종일 어떻게 잘라야 선생님 것보다 더 멋질까 궁리하더군요. 교과서에서 사각형을 나눠보게 했다면 가정에서는 오각형을 나눠보게 하거나 칠각형 케이크를 40인분으로 잘라보게 하는 식으로 문제를 살짝 바꾸기만 하면 됩니다. 답은 아이들이 알아서 찾아냅니다.

4. 도서관 활용하기

우리가 알려주고 아이들에게 보여줄 수 있는 지식에는 한계가 있습니다. 배우려는 마음이 크고 호기심이 많은 아이일수록 어릴 때부터 도서관과 친해지도록 해주면 좋습니다. 빠르게 배우는 아이들은 어린이 도서관 대신 어른 도서관에서 다양한 주제를 만들어서 해결해 보게 하세요.

도서관 성인 자료실 활용하기

- 과학, 천문, 역사, 지리, 세계사, 철학책 읽기에 도전하기
- 지구본이나 세계지도 등을 보면서 가고 싶은 나라 조사해 보기
- 나라를 대표하는 음식 알아보고 요리법과 요리에 얽힌 이야기 조사하기
- 다른 나라 말 배워보기 등

3

노력파 그 아이는
어떻게 자랐을까?

성장하는 아이는 노력의 힘을 믿는다

지수(초6) 혼자 빈 교실에서 무언가를 열심히 하고 있었습니다. 가까이 가 보니 수학 시간에 실수로 틀렸던 문제를 다시 푸는 중이었습니다. 중학교 수학 선생님인 아버지가 학교에서 틀린 문제는 꼭 학교에서 다시 풀어오라고 했다더군요.

"틀린 문제를 왜 꼭 학교에서 풀어야 하나요. 집에 가서 풀어도 되지 않을까요?"

지수 아버지와 상담할 때 물었습니다.

"학교에서 틀린 건 학교에서 해결하고 오는 게 좋아요. 학교 공부를 집까지 가져오면 집에서 해야 할 공부가 밀립니다. 오늘 일을 내일로 미루지 않는 습관은 어릴 때부터 가르쳐야 해요. 전 지수를 노력파로 키우고 싶습니다."

지수는 의대에 진학했고 지금은 전문의 과정을 밟고 있습니다. 최근에 의대에 간 비법을 물었을 때 지수가 말했습니다.

"선생님도 아시잖아요. 전 노력파예요."

스탠퍼드대학의 유명한 심리학자 캐럴 드웩 교수는 인간의 사고를 두 가지로 구분했습니다. 타고난 능력을 믿는 고정형 사고(fixed mindset)와 노력하면 지금보다 나아질 수 있다고 믿는 성장형 사고(growth mindset)입니다.

고정형 사고 vs. 성장형 사고[12]

구분	고정형 사고	성장형 사고
기본 전제	지능은 정해져 있다	지능은 성장할 수 있다
욕구	남들에게 똑똑해 보이고 싶다	더 많이 배우고 싶다
따라서 ……		
도전 앞에서	도전을 피한다	도전을 받아들인다
역경 앞에서	쉽게 포기한다	맞서 싸운다
노력에 대해	하찮게 여긴다	완성을 위한 도구로 여긴다
비판에 대해	옳더라도 무시한다	비판으로부터 배운다
남의 성공에 대해	위협을 느낀다	교훈과 영감을 얻는다
⇩		
결과	현재 수준에 정체되고 잠재력을 발휘하지 못한다	잠재력을 발휘해 최고의 성과를 낸다

드웩 교수는 중학교 1학년 학생들한테 지능은 바꿀 수 있다는 성장형 사고를 가르쳤습니다. 이후 수학 시험에서 학생들 성적은 눈에 띄게 좋아졌습니다. 성장형 사고가 실제로도 성적을 향상시킨 것입니다.

드웩 교수는 국제적인 강연 플랫폼 TED에서 시카고의 어느 고등학교 사례를 소개했습니다. 이 학교에서는 낙제한 학생에게 학점을 'F(Failure, 실패)' 대신 'NOT YET(아직 아니다)'으로 준다고 합니다. 혹시 아이가 공부를 못한다면, '아직 아닐 뿐'이라고 생각하세요. 실패에서 배우는 아이로 키운다면 아이는 삶의 모든 것에서, 배우고 익히는 모든 공부에서 더 노력하고 더 성장할 수 있습니다.

그렇다면 부모가 자신의 사고가 성장형 사고인지 아닌지 어떻게 알 수 있을까요? 결과가 좋지 않았을 때 고정형 사고는 위로를 하고, 성장형 사고는 방법을 찾도록 안내한다고 합니다. 고정형 사고방식의 위로는 아이가 잘하기 어렵다는 것을 전제로 합니다. 반면 성장형 사고는 위로하진 않지만, 해결 방법을 찾아보자고 말합니다. 앞으로 나아질 것이라는 생각을 바탕으로 하는 것이죠.

예를 들면, 수학 점수가 나쁠 때 고정형 사고를 하는 부모는 "수학을 다 잘할 수는 없지. 괜찮아. 수학 못할 수도 있어" 하고 위로를 합니다. 그러면 아이는 속으로 '아, 나는 역시 수학을 못하는구나' 하는 마음이 들게 됩니다.

같은 상황에서 성장형 사고를 하는 부모는 "엄마랑 방법을 찾아보자" 같은 말을 합니다. 그러면 아이는 '아, 방법이 있구나. 노력하면 잘할 수 있어' 하는 마음이 들게 되는 것이지요.

성장형 사고를 가진 아이로 키우는 법

부모가 성장형 사고의 모델이 돼주는 게 좋습니다. 문제를 겪을 때마다 위로하는 차원에 머물지 말고 해결 방법을 함께 찾아보세요.

공부 때문에 걱정하는 아이에게 "아무나 공부 잘하는 게 아니지"라거나 "공부 못해도 괜찮아" 같은 말로 위로하기보다 "함께 방법을 찾아보자. 다른 방법이 있을 거야" 같은 말로 해결 방법을 함께 찾아보는 식입니다.

공부에서 원하는 만큼 결과를 얻지 못했을 때 화를 내거나 짜증을 부리는 아이도 있습니다. 성질을 부리든 짜증을 내든 공부만 잘하면 된다는 식으로 무조건 받아줄 게 아니라 왜 화가 나는지 아이와 이야기 나눠보세요. 스스로 공부 정서를 다스릴 수 있어야 공부도 잘할 수 있습니다.

"우리 세현 님, 수업 잘 끝났어요? 고생했어요. 참 훌륭해요."

세현(초3)이 엄마 말을 듣고 제 귀를 의심했습니다. 초등학생 자녀에게 '님'을 붙여서 부르는 부모는 그때 처음 봤습니다. 세현이는 결혼한 형과 대학생 누나가 있는 늦둥이였습니다.

"작년까지만 해도 강아지라고 불렀어요. 올해는 3학년이 돼서 도련님으로 한 단계 승격시켜 줬어요. 칭찬은 고래도 춤추게 한다더라고요. 아이가 어릴 땐 무조건 칭찬해 주라고 하던데요."

칭찬은 고래도 춤추게 한다는 말이 유행이던 때였습니다. 칭찬이 고래도 춤추게 한다면 사람은 말할 것도 없겠지요. 칭찬은 공부에서나 아이의 성장에서나 정말로 중요합니다. 좋은 칭찬은 아이를 바람직한 방향으로 이끌지만 잘못된 칭찬은 아이에게 나쁜 영향을 끼치기도 합니다. 저는 이걸 '독이 되는 칭찬'이라고 부릅니다.

독이 되는 칭찬 vs. 약이 되는 칭찬

독이 되는 칭찬	약이 되는 칭찬
① 의미 없이 반복하는 칭찬	① 진심을 담아 이야기하는 칭찬
② 능력이나 머리를 중심으로 하는 칭찬 　－ 넌 참 머리가 좋구나. 　－ 아빠 닮아서 영리하다니깐. 　－ 우리 아들은 천재야.	② 노력과 과정을 중심으로 하는 칭찬 　－ 열심히 노력한 보람이 있네. 　－ 애쓴 결과구나. 　－ 고생한 만큼 성과를 거뒀구나.

③누군가와 비교하는 칭찬	③아이만을 오롯이 봐주는 칭찬
– 너만 백 점이야? 다른 아이는?	– 지난번보다 나아졌네.
– 몇 등이야?	– 아빠는 네가 발전하는 모습이 좋아.
– ○○보다 잘했지?	– 노력 점수는 90점이야.

이 가운데에서 가장 나쁜 건 의미 없이 반복하는 칭찬입니다. 아이들은 사랑을 담은 말과 그렇지 않은 말을 느낌으로 알아차립니다. 겉으로 드러나는 언어적 표현보다 말투와 어조, 눈빛, 몸짓 등 비언어적 표현을 더 빨리 눈치챕니다. "잘했어" "훌륭해" "멋져" 같은 말도 진심을 담아 말하지 않으면 의미 없는 중얼거림에 불과합니다. 의미 없는 칭찬을 반복하면 나중에는 진심을 담아 말해도 신뢰감을 줄 수 없습니다.

능력이나 머리를 중심으로 칭찬하는 것도 바람직하지 않습니다. 상급학교에선 학습 내용이 어려워지고 초등학교 때와는 비교할 수 없이 공부할 분량이 많아집니다. 머리만 믿어서는 공부를 잘할 수가 없습니다. 아이가 어릴 때부터 열심히 노력하면 결과도 좋을 수 있다는 식으로 노력을 칭찬하는 게 좋습니다. 다른 친구와 비교하는 칭찬도 좋은 칭찬으로 보기 어렵습니다

세현이 엄마와는 여러 번 긴 상담을 했습니다. 세현이 엄마가 전보다 나아진 부분이나 노력한 부분을 진심을 담아 칭찬하기 시작하자 세현이도 점점 달라졌습니다. 자신감을 갖고 열심히 공부하게 되었지요.

4

배우는 뇌를 만드는 가장 쉬운 방법

뇌도 변한다

세민(초3)이가 공을 빠르게 위로 던져 올렸습니다. 첫 번째 공이 허공으로 뜬 사이 곧바로 두 번째 공이 떴고 이어서 세 번째 공까지 회전을 시작했습니다. 아이들이 모두 입을 벌리고 쳐다보았습니다. 저도 깜짝 놀랐습니다.

"그걸 어떻게 하는 거야?"

"처음엔 안 되는데 하다 보면 돼요. 선생님도 해보세요. 연습하면 누구나 할 수 있어요."

세민이가 자신 있게 웃으면서 말했습니다.

누구나 연습하면 저글링을 할 수 있을까요. 흥미롭게도 이런 실험이 실제로 있습니다. 연구자들은 저글링을 해보지 않은 지원자들을 대상으로 3개월 동안 매일 규칙적으로 공 3개를 던져 올리는 저글링을 연습하게 했습니다. 실험 결과, 지원자들의 뇌에선 회백질이 증가했습니다. 더 놀라운 것은 3개월 동안 연습을 중단했다가 다시 검사해 보니 전에 증가했던 회백질이 감소해 있었다는 겁니다. 우리 뇌가 학습을 위해 스스로 변화하기도 하고, 안 쓰면 원래대로 돌아가기도 한다는 뜻입니다.

학자들은 뇌의 이런 변화를 '가소성'이라고 표현합니다. 뇌의 가소성 실험으로는 런던 택시 운전사들의 해마 크기 실험도 유명합니다. 해마는 뇌에서 기억을 담당하는 부위인데, 택시 운전사들이 수천 개의 복잡한 길을 외우자 해마가 커진 겁니다. 베테랑 운전사일수록 해마가 컸는데 택시 운전을 그만두면 해마가 원래 크기로 돌아갔다고 합니다. 이밖에도 이스라엘 연구팀에서는 자동차게임을 하는 것만으로도 성인 남성의 두뇌에서 회백질이 변화하는 것을 발견하기도 했습니다.

과거에는 뇌가 학습과 성장에 필요한 결정적 시기를 놓치면 이후에도 제대로 배우거나 말하거나 볼 수 없다고 생각했습니다. 그러나 뇌의 가소성이 밝혀진 뒤로 '결정적 시기'라는 말 대신 '민감한 시기'라는 표현을 사용한다고 합니다.[13]

우리가 과거의 선조들보다 평균 키가 크다는 것을 잘 아실 겁니다. IQ도 산업화가 일어난 세계 전역에서 꾸준히 높아지고 있습니다. 미국의 정치학자인 제임스 플린(James Flynn)이 처음으로 이런 현상을 발견했다고 해서 이를 '플린 효과'라고 부릅니다. 우리 지능이 실제로도 변화하고 있다는 뜻입니다.

플린 효과에 따르면 미국은 지난 60년 동안 평균 IQ가 18이나 올랐다고 합니다. 학자들은 IQ가 오른 이유로 교육이나 환경, 영양 상태 등의 개선을 꼽습니다.[14] 교육을 잘 받고 긍정적인 자극이 주어지는 식으로 환경이 개선

되며 영양 상태가 좋아지면 머리도 좋아진다는 뜻입니다. 아마 우리보다 잘 먹고 잘 배우는 우리 후손들은 우리보다 지능이 높을 겁니다.

낯설고 새로운 것을 반복해서 시도하기

중요한 것은 뇌가 변화한다는 것입니다. 당연히 뇌를 타고난 것보다 더 잘 배우고 더 유연하게 만드는 방법도 있습니다. 전문가들이 추천하는 것으로는 외국어나 악기 배우기, 명상 훈련, 여행, 보드게임이나 카드게임, 퍼즐, 공연이나 영화 관람 등이 있습니다.[15] 생각보다 쉽고 간단하지요? 뇌는 평소에 경험하기 힘든 낯설고 새로운 것을 반복해서 학습할 때 서서히 변화합니다.

이걸 현실에서는 어떻게 응용할 수 있을까요. 저는 교실에서 학생들과 같이 팬플루트와 가야금을 배웠습니다. 한 학기에 한 번 '우리 반 작은 음악회'를 열었는데 아이와 학부모 모두 좋아했습니다. 낯선 악기일수록 배우기는 어렵지만 뇌는 좋아합니다. 가정에서는 부모님이 짬을 내어 아이와 함께 새로운 악기를 배워보셔도 좋겠지요.

초등학생에겐 퍼즐도 좋습니다. 저는 100조각, 200조각, 500조각 퍼즐을 교실에 준비해 두고 시간이 날 때마다 틈틈이 맞추게 했습니다. 나중엔 좋아하는 애니메이션 포스터로 아이들에게 직접 퍼즐을 만들게 했습니다. 보드게임도 만들어보게 하고 퍼즐도 만들어보게 했는데 아이들이 매우 좋아했습니다. 굳이 비싼 돈 들여서 사지 않아도 가정에서 아이와 함께 만들 수 있습니다.

뇌는 타고난 대로 살다가 죽는 고정불변의 것이 아닙니다. 복잡한 길을 운전하고 저글링에 도전하는 것으로도 우리 뇌는 변화합니다. 스마트폰으로 게임할 시간에 직접 만든 보드게임으로 놀고 멍하니 유튜브 볼 시간에 퍼즐을 맞추는 것이 낫습니다. 그게 뇌가 좋아하는 것이기도 하고요. 저는 자녀들과 극장으로 애니메이션을 보러 가면 포스터를 집에 가져와 퍼즐을 만들곤 했는데 아이들이 무척 좋아했습니다.

가정에서 퍼즐 만들기

(준비물) 애니메이션 포스터, 네임펜, 가위 등

1. 좋아하는 애니메이션 포스터나 만화를 B4 크기로 컬러 인쇄합니다. 극장에서 포스터를 가져다가 만들어도 좋습니다.
2. 몇 조각 퍼즐로 만들 것인지 정합니다. 처음 만들 땐 50조각 정도가 좋습니다.
3. 네임펜으로 가로로 세 줄, 세로로 네 줄 정도 자유롭게 곡선을 그립니다.
4. 가위로 선을 따라 오립니다.
5. 우리 가족 퍼즐 완성!

시험 보는 방법이
따로 있다고요?

시험을 알아야 성적이 오른다

"아직 멀었어?"

다른 아이들이 세영(초6)이만 기다리는데도 세영이는 꿋꿋이 시험지를 검토하고 있었습니다. 그때만 해도 반을 바꿔 시험 감독을 하면서 학기마다 중간, 기말시험을 볼 때였습니다. 세영이는 저희 반은 아니었지만 전국 규모 영어, 수학 대회에서 큰 상을 휩쓸고 학교 시험도 백 점만 맞는다는 아이였습니다. 방과 후에 세영이 시험지를 보고 깜짝 놀랐습니다. 사지선다형 문제마다 오답인 이유를 깨알 같은 글씨로 적어놨더군요.

"이렇게 해야 다음에 같은 문제를 안 틀려요."

전 과목 만점 시험지를 받아든 세영이가 웃으면서 말하더군요. 나중에 세영이가 해외 명문대학에 진학했다는 이야기를 들었을 때 당연한 결과라고

116

생각했습니다.

우리는 학생들에게 시험 잘 보라는 말은 수없이 하면서 어떻게 해야 잘 보는 것인지는 가르쳐주지 않습니다. 저도 그 일이 있고 나서 학생들에게 시험 보는 방법을 꼼꼼하게 가르쳤습니다. 지피지기면 백전백승이라고 시험도 알고 보면 결과가 나아집니다. 먼저 평가 문항은 크게 두 종류가 있습니다.

평가 문항 종류[16]

서답형 문항	서술형(논술형) 문항	서술형 문항	주어진 정보를 해석하고 이해하고 종합해서 의견을 서술해야 하는 문항
		논술형 문항	논리적인 분석과 설명, 의견을 정해진 분량만큼 진술해야 하는 문항
	단답형 문항		짧게 단어 수준으로 응답하는 문항
	완성형 문항		괄호 안을 채우거나 빈칸을 채우게 하는 문항
선택형 문항	진위형 문항		지문을 해석해서 맞는지 틀린지 가려내는 문항 예 둘 중 맞는 것을 고르세요. 다음 중 틀린 것을 고르세요.
	선다형 문항		선택할 수 있는 후보를 여러 개 주고 그중 하나를 고르는 문항
	연결형(배합형) 문항		설명과 답지를 각각 줄로 연결하거나 배합하는 식의 문항 예 다음 중 크기가 같은 것을 고르세요. 다음을 계산하고 답을 줄로 이으세요.

서술형 평가는 논술형과 서술형을 포함합니다. 서술형이나 논술형에는 정해진 답이 없다고 생각하기 쉽지만 그렇지 않습니다. 모범 답안이나 기준 답

안이 있고, 점수를 부분적으로 인정하는 부분인정 답안까지 있습니다. 서술형 평가는 이 기준에 맞게 답을 써야 점수를 받습니다. 일부 대학에서 치르는 수학·과학 대입 논술도 이처럼 정해진 답과 부분인정 답의 기준 답안이 명확하게 정해져 있습니다.

서술형 시험을 잘 보는 방법

요즘 초등학생은 전처럼 서답형 시험을 보는 일이 거의 없습니다. 그러나 중고등학교 내신 시험은 선택형과 서술형 문항을 섞어서 냅니다. 전체 평균 점수가 지나치게 낮아질 수 있기에 선택형은 상대적으로 어렵지 않은 반면 서술형은 배점이 높은 경우가 많아서 서술형을 망치면 점수가 확 떨어집니다.

서술형 시험을 잘 보기 위해선 문제에서 묻는 핵심 개념이 무엇인지를 잘 파악해야 합니다. 핵심 개념을 빼놓지 않고 써야 점수를 받을 수 있으니까요.

초등학생 때는 문장을 완성형으로 답하는 습관을 들이기만 해도 나중에 크게 도움이 됩니다. 요즘은 대부분 문제집에서 서술형 문제를 함께 다루므로 단어로 대충 대답하지 말고 문장으로 완성하도록 지도하면 좋습니다. 저는 학생들에게 단원평가 문제를 풀 때도 반드시 '~은 ~이다'와 같이 문장을 완성하게 했습니다.

일상생활에서도 문장을 완성된 형태로 만들어 표현하는 것이 좋습니다. '대박' '헐' 'ㅋ' 등 아이들이 자주 쓰는 말에는 내 감정이 어떠하다는 표현이 빠져 있습니다. 그냥 'ㅇㅇ' 'ㄴ'로 말하기보다는 '어떠해서 어떠한 감정을 느꼈다' '이런 일 때문에 지금 어떤 기분이다'처럼 문장으로 대답하는 게 좋습니다.

'이러저러해서 이러이러하다'라는 표현은 논리에서 가장 기본적인 문장입니다. 논술이나 토론이라고 하면 거창해 보이지만 알고 보면 '이런 까닭으로 이걸 원한다'라고 표현하는 데서부터 시작합니다. 내가 내 기분조차 문장으로 표현하지 못하는데 서술형 시험을 어떻게 답할 수 있을까요.

서술형 문제에 답하는 방법

1. 문장을 완성해서 답하기

> 문제) 운요호 사건의 결과가 무엇인지 쓰시오.
>
> 답) 강화도 조약
>
> → 운요호 사건의 결과는 강화도 조약이다.

2. 문제에서 묻는 핵심 개념이 들어가도록 문장으로 답하기

> 문제) 다음 사진 자료를 보고 두 **문화유산의 공통점과**
> **차이점**을 쓰시오.
>
>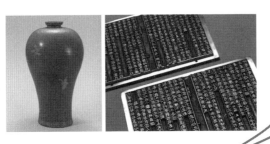

> 답   **두 문화유산의 공통점**은 고려청자와 금속활자 둘
> 다 고려시대 문화유산이라는 것이다. **두 문화유산
> 의 차이점**은 금속활자는 세계문화유산으로
> 등재됐고, 고려청자는 아직 세계문화유산
> 으로 등재되지 않았다는 것이다.

선택형 시험을 잘 보는 방법

선택형 문항은 학교 시험에선 줄어드는 추세이지만 수능은 여전히 선택형입니다. 선택형 문항을 풀 때는 무엇보다 시간 배분이 중요합니다. 어떤 문항에 시간을 투자하고 어떤 문항은 빠르게 넘어갈 것인지 결정하여 시간을 안배하는 게 필요합니다. 초등학교에서는 시험 부담이 적은 만큼 시험 치는 방법을 익히는 정도만 가르쳐도 충분합니다.

선택형 문항은 다음과 같은 단계를 따라가기만 하면 됩니다. 평소 점수가 잘 나오지 않던 학생들에게도 효과가 매우 좋았던 방법입니다. 문제를 풀면서 중요 단어와 밑줄 긋기만 연습해도 훗날 길고 어려운 문제를 풀어야 할 때 크게 도움이 됩니다.

선택형 문제에 답하는 방법

1단계: 문제 읽기

- 시험지를 받으면 적어도 3분 이상 훑어봅니다.

- 문제를 푸는 데 꼭 필요한 핵심어나 개념어 등 단서들을 시험지 여백에 생각
  나는 대로 빠르게 메모합니다.

2단계: 난이도에 따라 구별하기

- 풀기 까다롭고 어려운 문항은 별 표시를 합니다.

- 알고 있지만 전에 실수로 틀렸던 내용을 묻는 문항은 세모 표시를 합니다.

- 빠르게 넘어가도 되는 문항은 동그라미 표시를 합니다.

3단계: 문제 풀기

- 중요 단어와 숫자에 밑줄을 그으면서 천천히 문제를 풉니다.

- 동그라미 문항부터 풉니다.

- 동그라미 문항을 다 풀면 세모 문항을 풉니다.

- 세모 문항을 다 풀면 별 문항을 풉니다.

- 별 문항은 시간을 충분히 투자해서 천천히 풉니다.

- 시간이 남으면 왜 답으로 골랐는지 문항에 짧게 단어 형태로 메모합니다.

4단계: 검토하기

- 세모 문항에서 지난번과 같은 실수를 하진 않았는지 한번 더 살펴봅니다.

- 별 표시 문항을 꼼꼼하게 다시 풉니다.

- 풀이 과정에서 잘못된 부분이 없는지 처음부터 다시 읽어봅니다.

5단계: 피드백하기

- 틀린 문제를 확인합니다.

- 별 문항과 세모 문항을 실수 없이 풀었는지 확인합니다.

- 틀린 문제나 헷갈린 문제는 이해할 때까지 여러 번 반복해서 다시 공부합니다.

- 해설을 읽어도 이해되지 않는 문제는 색이 있는 볼펜으로 물음표 표시를 합니다. 물음표 표시 문항은 숫자나 단어만 바꿔서 다시 여러 번 풀어봅니다.

오답 노트 대신
'괜찮아 노트'

초등 고학년을 담임할 때 오답 노트를 만들어서 공부하는 학생들을 많이 보았습니다. 대부분 오답 노트를 어떻게 써야 하는지 몰라서 해설지를 오려 붙이거나 베껴 쓰는 식이었습니다. 시험이 많고 공부할 내용이 많은 중고등학생에게는 오답 노트가 필수이겠지만 초등학생은 필기량이 많아지면 힘들어합니다. 오히려 오답 노트 자체가 고역처럼 여겨지는 경우도 많지요.

답안지와 해설을 베껴 쓰는 오답 노트보다 '괜찮아 노트'를 써볼 것을 추천합니다. 괜찮아 노트는 '이번에 틀렸지만, 다음엔 잘할 수 있어'라는 뜻을 담은 공책으로 실수한 부분이나 약점을 보완하는 데 초점을 두는 방법입니다.

먼저, 시험을 보고 나서 쓰는 '괜찮아 노트'에는 시험지에서 별표 표시를 한 문제들을 다시 한 번 꼼꼼하게 풀어봅니다. 문제가 어려웠던 이유와 틀린 이유를 머릿속으로 되감듯 돌이켜봅니다. 같은 문제를 다시 틀리지 않으려면 어떻게 해야 할지 생각해 봅니다. 공책에 핵심 키워드를 메모하거나 문항의 핵심 내용만 정리해서 쓰고 비슷한 문제를 스스로 만들어서 또 풀어봅니다.

1. 틀린 문제를 쓴다.

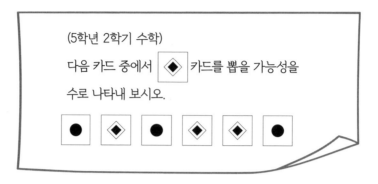

2. 틀린 이유를 간단하게 쓴다.

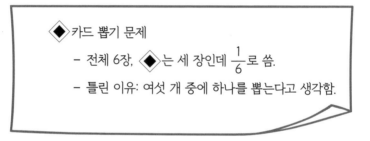

3. 틀린 문제와 비슷한 문제를 내본다.

수업이 끝나고 난 뒤에도 '괜찮아 노트'를 쓸 수 있습니다. 수업 시간에 어려웠거나 잘 이해하지 못했던 부분이나 개념어를 되새겨봅니다. 선생님 설명이 어렵게 느껴졌던 이유가 무엇인지 생각해 보고 그 부분만 다시 정리합니다. 선생님 설명이 어려웠던 부분을 문제로 만들어봅니다.

수업 끝나고 '괜찮아 노트' 쓰는 법

1. 수업에서 어렵게 느꼈던 내용을 쓴다.

> (5학년 2학기 과학)
> 살아 있는 것은 생물 요소라고 하고, 살아 있지 않은 것은 비생물 요소라고 한다.
>
> ....
> ....

2. 어려웠던 부분을 정리한다.

> - 비생물: 집에 와서 찾아보니, 단어의 앞에 붙어서 쓰는 '비'는 아니라는 뜻이 있었다.
>   (예: 비정상, 비인간적)
> - 요소: 더 나눌 수 없는 성분이란 뜻이다.
>   (예: 구성 요소)
>
> ....

3. 어려웠던 내용을 활용해서 문제를 만들어본다.

다음 중 생태계의 구성 요소가 아닌 것은 무엇인가?
① 생물 요소   ② 비생물 요소

....

....

아이들이 스스로 '괜찮아 노트'를 열심히 썼다면 부모님이 애정을 담아 격려의 말을 적어 주세요. "과학 시간에 유진이가 쓴 괜찮아 노트를 보니까 정말 어려운 것을 배우고 있더라. 어려운 것도 용감하게 배워가는 유진이는 참 멋져. 내일도 열심히 해보자!" 아이들에게 큰 힘이 될 겁니다.

1. 우리 아이는 공부할 때 실수가 많은 편인가요?

2. 실수가 많다면 67쪽에 나온 실수 유형 중 어디에 해당한다고 생각하시 나요? 아이도 그렇게 생각하는지 물어보고 이야기 나눠보세요.

3. 아이가 특정 과목에서만 실수가 많은가요? 왜 그런지 아이와 이야기 나눠보세요.

4. 아이가 실수할 때 어떤 마음이 드나요? 안타까운가요, 화가 나나요, 속 상한가요? 왜 그런 마음이 든다고 생각하시나요?

5. 아이를 어떻게 도와주고 싶으신가요? 아이와 함께 이야기 나눠보세요.

메타인지를
키워라

무엇을 알고 무엇을 모르는지 아는 것을

메타인지라고 합니다.

공부 잘하는 아이들의 공부법을 눈여겨보면

어떤 식으로든 메타인지를 활용한다는 것을 알 수 있습니다.

1 상위 0.1퍼센트는 공부를 공부한다

자신이 무엇을 아는지 아는 것

"선생님, 이건 다시 설명해 주세요. 아무리 해도 이해가 안 돼요."

지혜(초5)는 쉬는 시간마다 수업 시간에 배운 걸 다시 물었습니다. 반에서 가장 공부를 잘하는 아이인데도 그랬습니다. 부모님이 수업 시간에 조금이라도 이해가 안 된 부분은 선생님께 꼭 물어봐야 한다고 강조했다고 합니다. 그래야 제대로 배운다고요.

혹시 눈치채셨나요. 지혜가 '이 부분은 모르겠으니 다시 설명해 주세요'라고 말하는 것이 바로 '메타인지'입니다. 메타는 그리스어로 '최고의, 넘어서'를 뜻하고, 인지는 '앎, 지식, 아는 것'을 뜻하는 말입니다. 얼핏 수수께끼처럼 들리지만 '내가 무엇을 아는지 아는 것'이 흔히 말하는 메타인지입니다.

메타인지란

- 메타(meta): 최상의, 최고의, 초월의, 넘어서
- 인지(認知): 앎, 지식, 아는 것
- 메타 + 인지
    = 메타인지
    = 최고의 앎, 진짜로 아는 것, 초(超)인지

고등학교 영어교사였던 지혜 엄마는 지혜가 책을 읽으면 책의 내용을 말로 다시 설명해 보게 했고, 수학 문제를 틀리면 왜 틀렸는지 엄마에게 설명해 보게 했습니다. 이런 방법은 메타인지를 활용하는 쉽고 좋은 방법들입니다. 지혜는 어릴 때부터 이런 과정을 수없이 반복하면서 공부의 핵심에 다가설 수 있었습니다.

메타인지가 중요한 이유

공부에서 무엇을 알고 무엇을 모르는지 아는 것이 왜 그리 중요할까요?

혹시 메이저리그 야구 경기를 보신 적 있나요. 메이저리그에선 선수들이 타자였다가 투수로 나왔다가 다시 타자가 됐다가 합니다. 공을 받는 것과 치는 것 다 잘합니다. 세계적인 축구선수들은 어떤가요. 공격도 잘하고 수비도 잘합니다. 맞습니다. 이들은 한마디로 약점이 없습니다.

공부도 똑같습니다. 공부 잘하는 아이들은 약점이 없습니다. 못하는 과목 없이 다 잘합니다. 상급학교로 올라갈수록 잘 모르는 것을 최소한으로 줄이고 고르게 다 잘하도록 공부하는 것이 점수가 잘 나오는 가장 평범한 진리입니다.

공부에서 약점이 없어질수록 성적은 자연스레 올라갑니다. 성적이 올라가면 학생은 성취감을 맛보게 됩니다. 크고 작은 성공 경험들은 학생을 다시 책상 앞에 앉게 만드는 자발적인 동기가 돼줍니다. 공부 잘하는 학생들은 이 선순환을 매일 실천합니다. 메타인지를 상위 0.1퍼센트의 공부법이라고 하는 이유입니다.

고등학교 때 반에 정말 열심히 공부하는 친구가 있었습니다. 친구는 코피를 흘리면서도 매일 새카맣게 깜지를 만들면서 영어단어를 외웠고 수학 문제집을 풀었습니다. 친구가 어느 날 성적표를 쥔 채 울먹이면서 말했습니다.

"나는 사실 머리가 멍청해서 공부를 못해. 아무리 해도 성적이 안 올라."

그 시절엔 제 코가 석 자였기에 깊이 생각하지 않았는데 메타인지를 알게 되었을 때 이 친구가 생각났습니다. 이 친구가 정말 머리가 나빠서 공부를 못했을까요. 그보다는 머리가 나빠서 공부를 못한다고 스스로 믿은 것과 못하는 과목에 더 시간을 투자하지 않은 것이 성적이 오르지 않은 진짜 원인이었을 겁니다.

공부 효율을 높이는 영리한 공부법

교사가 된 다음 학생들 수만큼이나 공부 유형도 다양하다는 것을 깨달았습니다. 어떤 아이는 영리하게 공부하고 어떤 아이는 떠먹여 주는 것을 받아먹듯 공부하고 또 어떤 아이는 공부와는 담을 쌓고 살았습니다. 메타인지를 활용하는 공부는 지혜처럼 공부 잘하는 아이들이 쓰는 방식입니다. 효율은 높고, 효과는 큽니다.

"무조건 열심히 공부해라" "지금보다 더 많이 해라" 하며 다그치는 것은 좋은 방법이 아닙니다. 아이들은 자기에게 맞는 효율적인 공부 방법과 전략을 배워야 합니다. 앞으로는 공부의 효율을 높이세요. 영리한 방법을 가르치세요. 이 장에서는 초등학생 때 메타인지를 키워줄 수 있는 다양한 방법들을 살펴보겠습니다.

2

어렵게 한 공부가 오래 남는다

KBS 〈시사기획 창〉 '전교 1등은 알고 있는 공부에 대한 공부' 편에서는 흥미로운 실험을 했습니다. 제작진은 학생들을 두 그룹으로 나눴습니다. 성적이 상위 0.1퍼센트인 A집단과 성적이 하위인 B집단이었습니다. 참고로 성적이 높은 집단은 가정형편이나 지능에서 성적이 낮은 집단과 차이가 없었습니다.

제작진은 두 집단에게 간단한 공부를 하게 한 뒤 테스트를 시행했습니다. 이때 예상 점수도 물어봤는데 A집단은 예상 점수가 49.7점이었고, B집단은 53점이었습니다.

제작진은 테스트를 마친 다음 학생들의 실제 점수를 확인했습니다. A집단은 스스로 예상했던 것보다 3.3점 높은 53점이었고, B집단은 예상보다 10점

낮은 43점이었습니다. 성적이 높은 아이들이 그렇지 않은 아이들보다 자신의 실력을 정확하게 예측했습니다. 메타인지가 더 좋다는 뜻입니다.

두 집단은 공부하는 방식도 달랐습니다. A집단은 셀프 테스트로 실력을 꾸준히 평가했고, B집단은 눈으로만 반복해서 읽었습니다.

공부를 잘하는 아이들의 방법이 속도가 더디고 번거롭지요. 공부를 못하는 아이들은 눈으로만 읽고 넘어가기 때문에 속도는 빠릅니다. 결과는 어땠나요. 잘하는 아이들의 살짝 번거로운 방법이 더 효과적이었습니다. 참 아이러니하죠. 쉽게 공부하면 쉽게 잊어버리고 어렵게 공부하면 오래 남습니다. 어렵게 공부하면 효율이 떨어지지 않을까 생각하시겠지만 공부 잘하는 학생들이 메타인지를 활용하는 공부법은 다음과 같습니다.

공부 잘하는 학생들의 메타인지 활용 공부법

- 1단계: 일단 공부한다.
- 2단계: 셀프 테스트를 한다.
- 3단계: 어려웠거나 잘못 이해한 부분을 꼼꼼하게 확인한다.
- 4단계: 3단계에서 발견한 약점을 보완한다.
- 5단계: 앞의 과정을 만족할 때까지 반복한다.

공부 잘하는 학생들은 이런 식으로 약점을 없애는 공부를 합니다. 반면 공부를 못하는 학생들은 무엇이 약점인지조차 모릅니다. 같은 시간을 똑같이 공부해도 1등의 공부와 꼴찌의 공부가 차이가 나는 이유입니다.

모르는 것은 그냥 넘어가지 않는다

공부 잘하는 학생들은 자신의 실력을 과신하지 않습니다. 이 학생들은 오히려 '이만큼 하는 걸로는 턱도 없다' '나는 머리가 좋은 편이 아니니까 더 열심히 해야 한다' '내 실력은 아직 멀었다'라고 말합니다. 자기 실력을 과잉 기대하지 않으니까 더 열심히 공부하고, 더 열심히 공부하니까 결과는 더 좋아집니다.

한국 학생들은 다른 OECD 국가 학생들과 비교할 수 없이 긴 시간 공부합니다. 국제학업성취도평가(PISA)에서 늘 선두이지만, 학습효율화지수에서는 등수가 곤두박질칩니다. 그나마 평가에서 점수가 잘 나오는 것은 떨어지는 효율을 긴 공부 시간으로 커버하기 때문입니다.

열심히 공부하는 것처럼 보이는데도 성적은 잘 안 나온다면 공부 효율이 떨어지는 것은 아닌지 살펴보아야 합니다. 공부 효율을 높이고 실패를 줄이려면 그만큼 약점을 찾아서 보완해 주어야 합니다. 메타인지를 활용하는 공부가 필요한 까닭입니다.

너무 어려워서 '불수능'으로 유명했던 2017년도 수능시험에서 만점을 맞은 김재경 학생은 공부할 때 미심쩍은 부분이 나오면 절대 그냥 넘어가지 않는다며 그 부분이 완벽하게 이해됐을 때 비로소 공부했다는 느낌이 든다고 말했습니다.[17]

모르는 건 그냥 넘어가지 않도록 집요하게 파고드는 태도를 길러주세요. 끈기 있게 공부하는 태도를 어릴 때 갖추면 나중에 반드시 그만한 성과를 보게 됩니다.

3 메타인지를 기르는 평범하면서도 특별한 두 가지 방법

설명하기: 혼자 하는 최고의 공부법

"식물 세포의 유사분열이 일어날 때는……."

집에서 큰딸 성연(고2)이가 과학을 공부할 때 자주 들리는 소리입니다. 성연이는 과학을 좋아하고 잘하는 편인데 공부할 때 이렇게 혼자 설명해 보는 과정을 거듭합니다.

설명하기에는 두 가지 장점이 있습니다. 설명하면서 배운 내용을 나만의 언어로 다시 정리할 수 있고, 설명하다가 막히는 부분은 잘 모르는 부분이므로 그 부분을 다시 꼼꼼하게 공부해야 한다는 걸 알아차릴 수 있습니다. 설명하기는 메타인지를 활용하는 가장 쉬운 방법입니다.

저는 대학 때 2학년 1학기까지 공부에 전혀 관심이 없었습니다. 백지 시험지를 낸 과목도 있고 간신히 F를 면한 과목도 있었습니다. 그러다가 2학년 2학기가 되었을 때 한 학기 만에 학점을 1점이나 올렸습니다. 다음 해에는 점수를 더 올려서 과에서 수석을 했습니다. 그룹 스터디 한번 가지 않고 혼자 하는 공부만으로 수석을 할 수 있었던 것도 메타인지를 활용한 공부법 덕분이었습니다.

이 공부법을 활용할 때 저는 먼저 시험 교재를 처음부터 끝까지 여러 번 반복해서 읽었습니다. 내가 교수라면 어떤 문제를 낼지 예상 문제를 만들었습니다. 그다음 시험장에 있다고 상상하면서 스톱워치를 켜고 답을 써 내려갔습니다.

문항마다 A4용지 한두 장 분량으로 답을 적은 다음 교재로 확인해서 답이 틀렸거나 어려웠던 부분은 처음부터 다시 공부했습니다. 이 과정을 시험 때까지 몇 번이고 반복했습니다. 메타인지를 활용하는 바로 그 공부법이지요. 저는 지금도 중요한 시험을 볼 때면 이와 똑같이 공부합니다.

메타인지 공부법은 부족한 부분을 찾아서 스스로 보완하고 잘하는 부분은 더 잘하게 만듭니다. 정말로 효과가 좋습니다. 매끄럽게 술술 설명이 나올 때까지 또는 글로 서술할 수 있을 때까지 반복해서 연습하는 것이 가장 좋습니다.

가정에서는 화이트보드를 준비해서 벽에 걸어 두세요. 아이가 직접 그림을 그리고 글을 써가면서 선생님처럼 학교에서 배운 것을 설명해 보게 하세요. 배운 것을 200퍼센트 활용하게 됩니다.

가르치기: 너도 좋고 나도 좋은 공부법

세계적인 메타인지 전문가 리사 손 교수는 무작정 반복하는 식의 공부가 매우 위험하다고 말합니다. 반복해서 대충 읽다 보면 잘 모르면서도 잘 아는 것처럼 착각하기 쉽기 때문입니다. 반복은 기억을 위한 기본적이고 필수적인 방법이지만, 여러 번 봐서 낯이 익은 것과 제대로 이해하는 것은 전혀 다릅니다.

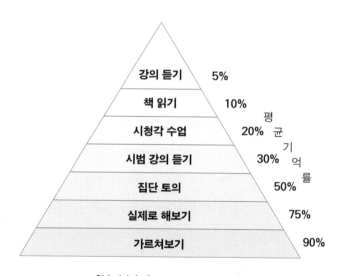

학습피라미드(The Learning Pyramid)

미국행동과학연구소(National Training Laboratories)에서 발표한 이 학습 피라미드는 학습 방법과 평균 기억률의 상관관계를 보여줍니다. 강의를 듣는 것은 5퍼센트, 읽는 것은 10퍼센트, 시청각 수업은 20퍼센트, 시범 강의를 듣는 것은 30퍼센트, 그룹 토의는 50퍼센트, 직접 해보는 것은 75퍼센트, 남을 가르치는 것은 90퍼센트의 기억률을 보였습니다.

배운 내용을 완벽하게 이해하는 가장 효과적인 방법은 남을 가르치는 것입니다. 남을 가르치기 위해서는 나 자신이 먼저 잘 알아야 하는 것은 물론이고, 남을 가르치는 과정에서 자신이 잘 몰랐던 부분을 보충할 수도 있습니다. 친구를 도와주면서 나도 같이 공부할 수 있으니 남을 가르치는 공부법은 너도 좋고 나도 좋은 공부법인 것입니다.

실제로 최상위권 고등학생들이 자주 쓰는 메타인지 공부법도 가르치기입니다. 혼자 공부하기도 바쁜 전교 1등이 왜 굳이 친구들까지 가르칠까요. 그만큼 효과가 좋아서입니다.

두 번째 솔루션에서 공부자존감을 설명할 때 들려드린 재우 사례에서 제가 썼던 방법을 기억하시나요. 맞습니다. '남을 가르치기'였습니다. 비록 초등학생이지만 잘하는 과목을 친구에게 가르칠 때 더 완벽하게 공부할 수 있다는 걸 저도 아이들을 보면서 깨달았습니다. 그때 아이들 성적이 그냥 올라갔던 게 아니었음을 이해하시겠지요.

메타인지 공부법으로 공부할 때 가정에선 두 가지만 기억하세요. 꼼꼼하게 공부하되 배운 것은 설명해 보게 하는 것입니다.

보통 가정에서 공부할 때 부모가 가르치고 아이는 배울 겁니다. 이제 역할을 바꿔서 아이가 설명하고 부모는 들어보세요. 설명하는 것을 주의 깊게 들어보면 어떤 부분을 모르는지 정확하게 파악할 수 있습니다. 잘 설명하지 못하거나 헷갈려하는 부분만 짚어주세요. 설명할 대상이 없으면 자기 자신에게 설명해도 되고 인형에게 해도 됩니다.

4

선행학습을 이기는
아이의 비밀

밤 12시까지 학원 도는 초등학생

4학년을 담임했을 때 일입니다. 반에 사교육을 열한 가지 받는 아이가 있었습니다. 아이는 밤 12시까지 학원과 과외를 돌았습니다. 공부 스트레스를 해소하기 위해 드럼 학원에서 드럼을 치면서 하루를 마무리한다는 말을 들었을 때 무엇보다 그게 초등학생이 소화할 수 있는 일정인지 궁금했습니다.

아이는 4학년이지만 이미 고등수학을 배우고 있었습니다. 그밖에 영어 회화, 영어 문법, 논술, 바둑, 테니스, 스케치, 피아노, 바이올린에 드럼까지 배우고 있고, 방학 땐 빠짐없이 어학연수를 다녀오던 아이였습니다. 저는 이전에도 이후에도 그렇게 많은 사교육을 하는 초등학생을 본 적이 없습니다.

학부모 상담 주간에 아이 엄마를 만났습니다. 엄마 수첩에는 아이의 스케줄이 빼곡하게 적혀 있었습니다. 아이가 힘들어하지 않는지, 왜 고등수학을 배우는지 물었을 때 엄마가 대답했습니다.

"여섯 살부터 해온 일이라 지금은 익숙해요. 아이가 어릴 때는 아파트 베란다 유리창에 붙어서 놀이터에서 노는 아이들을 부러워하더라고요. 나가서 놀고 싶어 하던 그때가 가장 힘들었고, 지금은 이골이 나서 괜찮아요. 선생님도 아시잖아요. 수학은 결국 선행이더라고요."

선행학습보다 중요한 공부 비결, 사고력

그날 상담 이후에 이 문제를 수도 없이 생각해 봤습니다. 교실에서 보면 사교육을 여러 개 받으면서 공부를 잘하는 학생들이 있지만, 한편으로는 사교육이나 선행 없이도 탁월하게 잘하는 학생들도 분명히 있었습니다. 이 학생들이 훌륭하게 성장하는 모습을 지켜보면서 깨달은 것은 이들의 비법이 사고력에 있다는 것이었습니다. 아이의 생각하는 힘을 키워주면 선행학습으로 앞질러 나간 아이들을 따라잡는 것은 물론이고 이길 수도 있는 것입니다.

여러분은 스무 살 때 고민하던 문제를 지금 와서 생각해 본 적 있으신가요. 대부분 그땐 심각했을지 몰라도 지금은 뭘 고민했는지 기억조차 안 날겁니다. 설사 같은 문제와 마주하더라도 그때처럼 마냥 힘들어하지 않고 유연하게 대처할 겁니다.

이건 인생을 살아오는 동안 자신도 모르게 삶의 지혜가 쌓였기 때문입니다. 우리가 흔히 말하는 사고력이죠. 대학생이 돼서 고등학생 때 낑낑대던 문제를 다시 보면 생각보다 쉽게 풀 수 있습니다. 이것도 그만큼 사고력이 길러진 까닭입니다.

교사가 됐던 첫해 11월 말에 사표를 쓰고 12월에 임용시험을 다시 봤습니다. 시험 공부를 3주도 못하고 임용시험을 봐야 했기 때문에 잔뜩 긴장했는데 뜻밖에 시험이 쉬웠습니다. 처음엔 그해만 문제가 쉽게 출제된 줄 알았지만 그게 아니었습니다. 문제가 쉬웠던 게 아니라 교사로서 교과서, 교육과정, 수업을 몸으로 체득한 뒤였기 때문에 교사가 되기 위해 치러야 하는 임용시험이 상대적으로 쉽게 느껴졌던 겁니다. 문제를 읽고 이해하는 제 사고력이 길러졌던 것이었습니다.

사고력이란 이렇게 직접 경험하고 부딪치고 문제를 해결해 가는 과정에서 길러집니다. 오류를 잡아가고 배움을 조금씩 넓혀가는 과정에서 길러지기 때문에 사고력을 기르는 교육은 시간이 오래 걸립니다. 눈에 성과가 잘 보이지도 않기에 효과는 없고 더디게 느껴집니다. 하지만 생각하는 힘을 키우는 교육은 반드시 그만한 성과를 보게 돼 있습니다.

게다가 사고력을 키우는 교육은 뜬구름처럼 멀리 떨어져 있지 않습니다. 값비싼 과외를 해야만 얻을 수 있는 것도 아니고요. 교육과정과 교과서는 아이들 발달단계에 최적화되어 있습니다. 교육과정을 충실하게 이수하는 것만으로도 교육과정에서 기대하는 핵심역량을 기르고 학업성취를 거둘 수 있다는 뜻입니다. "학교 공부 열심히 하고 교과서 열심히 공부했더니 수능 만점 맞았어요"라고 말하는 학생들의 답도 이런 데서 온 것입니다.

사고력을 기르려면 어떻게 해야 할까

가정에서 학생들에게 선행학습을 시키는 이유는 미리 공부하면 학교에서 배울 때 쉬울 것이라고 기대하기 때문입니다. 이렇게 하면 초등학교에서는 점수도 제법 잘 나오고 공부도 잘하는 것처럼 보이지만 학습 내용이 많고 어려워지는 상급학교에서는 선행학습만으로는 쉽게 성적이 오르지 않습니다. 초등학교 때 앞질러 가던 아이들도 자칫 자존감이 떨어지면 상급학교에서 성적이 곤두박질치는 경우가 있습니다.

1년 이상의 지나친 선행학습이나 너무 빠른 진도 빼기는 아이들에게 생각하는 힘을 기르는 시간을 주지 못합니다. 충분히 생각하고 고민하고 궁리할 여유 없이 몰아치기만 하면 내 것으로 만드는 익히는 과정을 생략하게 됩니다.

우리는 앞에서 공부가 배우고 익히는 두 단계로 이뤄진다는 것을 이미 살펴보았습니다. 배우기만 하고 익히는 것 없이 한쪽으로 기운 공부이니, 결과도 나빠질 수밖에 없지요.

사교육걱정없는세상과 박홍근 의원이 발표한 정책자료집 「수포자 없는 교실을 위한 2015 수학교육과정 개정을 제안한다」에 따르면 학생들은 선행교육으로 배운 내용을 시간이 갈수록 점점 이해하지 못했습니다. 그나마 교과 내용이 쉬운 초등학교선 선행학습으로 배우는 내용을 72.8퍼센트 이해했지만, 중학교로 가면 이해도가 54.9퍼센트로 떨어지고, 고등학교에선 43.0퍼센트까지 떨어졌습니다. 쉽게 말해 상급학교로 올라갈수록 선행학습이 기대만큼 힘을 쓰지 못한다는 뜻입니다.

사교육은 부족한 부분을 보완하기 위해 활용하는 게 좋습니다. 약점을 보완하는 사교육이라면 모를까, 나중에 배워야 할 내용을 미리 앞서서 다 가르쳐버리는 식의 선행은 아이에게 사고력은 키우지 못한 채 대충 아는 걸 잘 아는 걸로 착각하게 만들 수도 있습니다. 공부에 도움이 안 되고 치명적인 약점이 될 수도 있습니다.

학습일지는 수업 시간에 배운 내용을 되새겨보면서 일기처럼 기록하는 공부법입니다. 저는 학생들에게 모든 과목에서 학습일지를 쓰게 했습니다. 학습일지 쓰기는 메타인지를 활용하는 공부법이기 때문에 학습 내용이 어렵지 않은 초등학생은 학습일지만 꾸준히 써도 점수가 잘 나옵니다.

학습일지 쓰는 방법

학습일지를 쓰는 요령은 다음과 같습니다.

① 배운 내용을 씁니다. 학습한 내용을 떠올리면서 일기 쓰듯이 적어봅니다. 처음에는 예시처럼 대충 써도 괜찮습니다. 꾸준히만 써도 점점 늡니다. 선생님이 했던 농담, 아이들이 질문했던 것, 중요하다고 강조했던 부분을 함께 메모하듯 써도 좋습니다. 이런 자잘한 메모들이 나중에 기억을 떠올리게 하는 인출 단서가 돼주니까요.

② 궁금했던 것을 씁니다. 질문하고 싶었는데 미처 시간이 없어서 못 물어봤거나 선생님에게 설명을 더 듣고 싶은 내용을 적습니다.

③ 새로 알게 된 것을 씁니다. 수업 시간에 배워서 새로 알게 된 것이 무엇이었는지 다시 정리해 보게 하는 것입니다.

④ 수업 태도를 스스로 피드백하게 합니다. 이 자기평가를 자주 할수록 수업에 참여하는 태도가 확실히 좋아집니다. 고학년은 자신의 수업 태도를 100점 만점으로 점수 매겨보게 합니다. 저학년은 별점 주기 정도로 해도 좋습니다.

〈학습일지〉 3월 11일 국어

① 오늘은 듣말쓰 시간에 드라마의 특성에 대해 알아보았다. 드라마는 이야기가 이어진다는 것, 시간에 구애받지 않는다는 것, 무대가 아니라 화면에서 보여진다는 등의 특징이 있었다.

② 오늘 수업 시간에 내가 궁금했던 것은 『소나기』의 다음 이야기이다.

③ 새롭게 알게 된 것은 뒷이야기를 예측하는 것이다.

④ 나의 수업 태도는 잘한 것 같다.

〈학습일지〉 6월 10일 국어

① 오늘 국어 시간에는 뉴스의 특성에 대해 배웠는데 뉴스는 기자의 관점과 사실이 더해진다는 것을 알았다. 뉴스에서 보도하는 기준에는 다음과 같은 것이 있다.

- 시의성: 그 시기에 맞는가
- 예외성: 드문 일이나 특별한 일인가
- 근접성: 가까운 정보, 가까운 거리의 일인가
- 영향성: 영향력이 있는 사람인가
- 저명성: 대상인 사람이 유명한가

뉴스에서 보도하는 기준이 각각 다르다는 것을 알았다. 기자의 관점과 사실이 합해지기 때문에 우리가 뉴스에서 보는 것이 '모두 정확한 있는 그대로의 사실이 아닐 수 있다'라고 선생님이 말씀하셨다. 인터넷에서 보는 가짜뉴스도 그렇게 만들어질 수 있다고 하셨다.

예를 들면 "유명 연예인이 이런 일을 했다더라" 하는데 사실은 그렇지 않은 경우가 있다. 그게 바로 이런 거라고 했다. 뉴스에서는 모든 것이 다 사실인 것처럼 보여지기 때문에 시청자들이 영리하고 똑똑해지는 게 중요하단 생각이 들었다.

② 가짜뉴스를 보았을 때 어디에 신고해야 할지가 궁금했다.

③ 그전엔 몰랐던 것도 많았는데 뉴스의 특성과 관련한 여러 가지를 알게 됐다.

④ 이번 시간 나의 수업 태도는 참 좋았던 것 같다.

같은 학생이 같은 과목을 공부하고 쓴 학습일지입니다. 세 달 사이에 길이도 길어졌고 내용도 자세해졌습니다. 이렇게 학습일지도 쓰면 쓸수록 늡니다. 처음부터 잘하길 기대하면 아이도 힘들고 가르치는 이도 힘들지만, 점점 늘겠지 생각하면서 꾸준히 쓰게 하세요. 정말로 차츰 늡니다. 수업할 때 있었던 작은 일까지 떠올리면서 자세하게 쓰도록 지도하면 좋습니다.

물론 학습일지를 쓰기 싫어하는 학생들도 있습니다. 글씨 쓰기 자체를 싫어하는 학생, 글씨가 엉망인 학생, 글씨를 써본 적이 없는 학생 등입니다. 이런 경우는 마인드맵이나 그림으로 대신하거나, 필요한 부분은 인쇄해서 붙이거나, 워드로 작성하게 하면 됩니다. 그마저도 어렵다는 학생이나 저학년은 수업의 핵심이 되는 개념어 위주로 단어만 써도 됩니다.

학습일지를 활용하는 방법

배워야 하는 내용에서 핵심이 되는 단어들 가운데 눈에 띄게 드러나 있는 단어를 개념어라고 하고, 대놓고 드러나지는 않지만 '핵심이 이거구나'라고 짐작할 수 있는 것은 핵심어라고 합니다. 수업 시간에는 개념어와 핵심어가 무엇인지 파악하고 그 부분을 놓치지 않고 공부하는 게 아주 중요합니다.

앞에서 살펴봤듯이 공부는 내가 무엇을 배웠고 무엇을 알게 됐는지 돌아보는 것이 매우 중요합니다. 글로 쓰거나 말로 설명했을 때 막히는 부분이 있으면 그 부분은 모르고 지나온 것이기 때문에 그렇습니다. 학습일지를 쓰면서 배운 내용이 잘 기억나지 않거나 막힌 부분은 반드시 체크해서 다시 공부해야 합니다.

학습일지를 피드백할 때는 중요 내용을 퀴즈로 물어보면 좋습니다. 앞의 학습일지를 예로 들면 '뉴스의 특성 다섯 가지가 뭐지?' '가짜뉴스는 왜 만들어질까?'처럼 학습 내용을 바탕으로 퀴즈를 내고 학생이 줄줄 설명할 수 있는지 짚어주세요. 생각해 볼 거리가 많은 학습 내용은 체크해 뒀다가 나중에 에세이 주제로 삼아서 긴 글로 써보게 해도 좋습니다.

5

답만 외우는 가짜 공부의 함정

교실이 아침부터 떠들썩했습니다. 민혁(초6)이가 중간고사를 대비한다고 문제집을 여섯 권이나 풀었다는 겁니다.

"왜 그렇게 많이 풀었어?"

깜짝 놀라서 묻자 민혁이가 슬며시 말을 꺼냈습니다.

"아빠가 만점 맞아야 한다고 문제집 많이 풀래요. 학원에서도 두 권 풀고 집에서도 두 권 풀었는데 아빠가 더 풀라고 해서 여섯 권이 됐어요."

채점 결과, 민혁이는 평균 90점을 간신히 넘었습니다. 민혁이는 못 믿겠다면서 시험지를 두 번 세 번 확인했지만 점수는 똑같았습니다. 이유가 궁금했습니다. 민혁이가 푼 문제집을 세 권쯤 훑어보니 이유를 알 수 있었습니다. 민혁이는 문제를 푼 게 아니라 답을 외워서 적고 있었습니다.

문제집은 교과서에서 다루는 중요한 개념들을 여러 유형으로 반복해서 다룹니다. 시중에 파는 문제집을 아무 과목이나 두세 권만 비교해 봐도 비슷한 문제들이 눈에 띕니다. 똑같은 답을 요구하는 똑같은 문제를 반복해서 풀면 어떻게 될까요. 나중에는 민혁이처럼 문제를 풀지 않고도 답을 적을 수 있게 됩니다.

곰곰이 생각할 겨를 없이 외워서 답을 쓰는 것은 진짜 공부가 아닙니다. 답만 외운 가짜 공부입니다. 가짜 지식은 겉보기엔 아는 것처럼 보일지 몰라도 진짜로 아는 것이 아닙니다. 얼마나 잘 아는지 정교하게 묻는 시험에선 대충 아는 것이 오히려 불리하게 작용하지요. 큰 시험일수록 내가 아는 유형보다 모르는 유형이 문제로 나올 확률이 높고, 한 번이라도 본 지문보다 한 번도 안 본 지문이 나올 확률이 훨씬 높으니까요.

민혁이처럼 대충 아는 것을 잘 아는 것으로 착각하면 그 부분을 제대로 공부하지 않고 지나가게 됩니다. 열심히 한다고는 하지만, 학습에 결손이 생깁니다. 투자한 시간 대비 성적이 잘 안 나옵니다. 메타인지와는 거리가 먼 공부 방식이기 때문에 성적도 안 나오고 공부 효율도 떨어지는 것입니다.

전문가들은 '잘 안다는 느낌(the feeling of knowing)'에 빠지게 되는 이유로 단순한 반복학습을 꼽습니다.[18] 단순한 반복학습은 재학습이라고 하는데 같은 내용을 계속 반복해서 읽는 식의 공부를 말합니다. 같은 내용을 자꾸 보다 보면 익숙해지는 것은 사실이지만 이게 진짜 이해인지 단순한 낯익음인지는 반드시 구별해야 합니다. 어떻게 구별하면 될까요. 어렵게 생각할 것 없습니다. 앞에서 설명한 설명하기와 가르치기 방법을 이용하면 됩니다.

메타인지를 활용하는 진짜 공부

예를 들어 아이가 교과서를 읽었다면 제대로 읽은 건지 반드시 살펴보세요. 제대로 읽으면 읽은 부분에서 모르는 단어가 하나도 없이 줄줄 설명할 수 있어야 합니다. 이렇게 읽으려면 모르는 걸 찾아가면서 하나하나 다 공부해야 하기 때문에 생각보다 훨씬 시간도 오래 걸리고 힘듭니다. 대신 이렇게 공부한 것만큼은 진짜 자기 지식이 되죠.

메타인지에는 크게 두 가지 구성요소가 있습니다.[19]

첫째, 메타인지적인 지식(metacognitive knowledge)이 있습니다. 메타인지적인 지식은 무언가를 배우거나 실행할 때 아는 것과 모르는 것을 파악하는 능력을 말합니다.

예를 들면 과학 시간에 광합성을 배웠을 경우, 광합성은 이해했는데 광합성으로 얻어지는 성분이 무엇인지는 모르고 있다는 것을 아이 스스로 아느냐 모르느냐 하는 것입니다.

둘째, 메타인지적 기술(metacognitive skill)이 있습니다. 이것은 메타인지적인 지식을 바탕으로 하는 것으로 '광합성에서 얻어지는 성분을 확실히 알기 위해서는 동영상으로 다시 공부해야겠구나' 하면서 전략을 세우는 것을 말합니다.

초등학생은 아직 이런 메타인지적인 공부가 어려울 수밖에 없습니다. 메타인지를 기르기 위해서는 부모와 교사가 도와줘야 할 부분이 많습니다. 아이에게 배운 내용을 자주 물어보고 잘 아는지 모르는지 자세하게 확인해 봐야 합니다. 이런 경험이 자꾸 쌓이면 아이도 스스로 무엇을 공부해야 하고 무엇을 넘어가도 되는지를 직관적으로 이해하게 됩니다. 메타인지가 자연스레 길러지는 것입니다.

메타인지라는 용어가 어렵게 느껴질 수 있지만 복잡하게 생각하지 마세요. 메타인지를 기르는 좋은 방법으로 학자들이 꼽는 게 '선생님 놀이'입니다. 아이들은 어릴 때부터 스스로 메타인지를 기르려는 노력을 하고 있는 셈이지요. 설명하기와 가르치기, 목표를 세우고 전략적으로 읽고 쓰는 것을 꾸준히 하면 자연스럽게 메타인지는 길러집니다.

아는 것과 모르는 것 구별하는
화이트보드 공부법

화이트보드 활용하기는 모든 학생에게 강력하게 추천하는 공부법입니다. 화이트보드를 이용해서 공부하면 잘하는 과목은 더 잘할 수 있고, 못하는 과목은 왜 못하는지가 한눈에 보입니다.

화이트보드 공부법

1. 화이트보드에 배운 내용의 주제를 한 단어로 적어보게 합니다.

> 강화도 조약,
>
> 중화반응…….
>
> ....
>
> ....

2. 주제어를 중심으로 가장 중요한 세 가지를 순서대로 설명해 보게 합니다.

> 강화도 조약
> - 강화도조약은 조선에게 불평등한 조약이었다.
> - 최초로 조선이 다른 나라와 맺은 국제 조약이었다.
> - 조선을 침략하는 구실이 된 조약이었다.

3. 세 가지 중요 내용과 관련해 질문하고 아이가 선생님이 된 것처럼 설명해
   보게 합니다.

> - 강화도 조약이 왜 조선에게 불평등한 조약이었나?
> - 강화도 조약이 최초 조약이라면 두 번째 조약은 무
>   엇이었나?
> - 조선을 침략하는 구실이 됐다고 볼 만한 근거는 무
>   엇이었나?

4. 질문에 막히거나 대답을 할 수 없다면 그 부분은 다시 공부합니다.

5. 막힘이 없을 때까지 같은 과정을 반복해서 공부합니다.

학습일지가 공책에 쓰는 공부법이라면, 화이트보드 사용하기는 칠판에 쓰는 공부법
입니다. 선생님이 된 것처럼 화이트보드 앞에서 식구들에게 가르치고 질문하고 수업을
해보게 하세요.

나중에는 누가 묻지 않아도 스스로 자신에게 질문을 던지고 답을 찾아보기 때문에 화
이트보드 하나만 있어도 엄청나게 많은 공부를 할 수 있죠. 저처럼 말보다 글이 더 편한
경우는 글로 쓰는 것도 괜찮습니다. 수능 만점자가 많이 나오기로 유명한 어느 학교의
전교 1등 학생은 교과서를 여러 번 읽은 다음 반드시 칠판에 적으면서 최종정리를 했다
고 합니다.

6 메타인지 공부법으로 온라인수업 200퍼센트 활용하기

선생님이 다 챙기기 어려운 온라인수업

"선생님, 온라인으로 수업하니까 아이들이 딴짓을 많이 해요. 수업에 집중 도 안 하고요."

교생 지도 때 만난 열정 만점 A 선생님은 7년이 지난 지금도 가끔 연락이 옵니다. 이런저런 고민이 있을 때마다 친절하게 상담해 주고 있는데요. 최근 A 선생님의 가장 큰 고민은 온라인수업! 학생들의 학력 격차가 온라인수업 때문에 더 크게 벌어지자 효과적인 방법을 고민하고 있었습니다.

대면해서 하는 수업에서는 선생님이 수업에서 일어나는 모든 일을 꼼꼼하 게 챙깁니다. 여기 봐라, 딴짓하지 마라, 얼른 써라, 읽어라, 셈해라……. 끝도 없이 피드백을 줍니다.

온라인수업에선 그렇지 않습니다. 선생님 시야에 학생이 미처 다 들어오

156

지 않을 수 있죠. 선생님이 학생을 놓칠 수 있는 상황을 고려한다면 학생 스스로 주도적으로 공부하는 습관과 방법을 익히는 것이 필수입니다.

효과적 온라인수업을 위한 메타인지 공부 체크리스트

다음은 메타인지를 활용해서 온라인수업을 200퍼센트 활용하기 위한 공부 체크리스트입니다. 온라인수업 수업에서 격차를 줄이기 위해 수업 단계별로 배우는 학생의 관점에서 해서는 안 되는 행동과 해야 할 행동 등을 정리했습니다. 단계대로 살펴보시고 어떤 부분이 잘못됐는지를 아이와 함께 찾아보고 바로잡아가시면 됩니다.

이 체크리스트는 온라인수업뿐 아니라 대면 수업에서도 똑같이 적용할 수 있습니다. 인쇄해 두었다가 평소에 아이가 어떤 식으로 학교 수업에 참여하는지 꼼꼼하게 체크해 보면 아이의 학습 태도가 금방 드러납니다. 학교 공부를 소홀하게 여기고 있다면 지금부터라도 하나씩 잡아가야 합니다.

메타인지를 활용하는 공부법에서 중요한 부분은 굵은 글씨로 표시했습니다. 이 부분만큼은 놓치지 않길 바랍니다.

온라인수업을 위한 메타인지 공부 체크리스트

단계	실력 차이를 벌리는 행동	자기 평가	실력 차이를 줄이는 행동	자기 평가
수업 준비	수업 준비물이 무엇인지 모른다.	☐	공책, 필기도구를 기본 준비물로 항상 갖춰둔다.	☐
	수업 준비를 하지 않고 논다.	☐	교과서에서 배울 곳을 펴놓는다.	☐
	선생님이 부르면 그제야 자리에 앉는다.	☐	선생님이 부르기 전에 자리에 앉는다.	☐
수업 중	학습목표가 무엇인지 잘 모른다.	☐	**학습목표가 무엇인지 정확하게 안다.**	☐
	선생님을 쳐다보지 않는다.	☐	선생님을 계속해서 쳐다본다.	☐
	선생님이 지시하는 내용을 안 듣고 노래를 부르거나 입을 뻥긋거리면서 딴짓을 한다.	☐	선생님의 지시를 잘 따른다.	☐
	선생님께 질문한 뒤 답을 기다리지 않고 딴 일을 한다.	☐	조용히 차례를 기다려야 한다거나 손을 들고 발표해야 하는 경우 선생님이 지시할 때까지 기다린다.	☐
	선생님이 교과서를 읽으라고 하면 읽지 않는 식으로 선생님의 지시를 따르지 않는다.	☐	질문이 있으면 선생님이 지목할 때까지 대기한다.	☐
	공책에 필기하지 않고 논다.	☐	배운 내용을 핵심 개념어 위주로 공책에 필기한다.	☐

수업 마무리	무엇을 배웠는지 잘 모른다.	☐	**무엇을 배웠는지 한 줄로 요약할 수 있다.**	☐
	중요 단어나 핵심 내용으로 퀴즈를 만들 수 없다.	☐	**중요 단어나 핵심 내용으로 퀴즈를 만들 수 있다.**	☐
	학습목표와 배운 내용이 연 결되지 않는다.	☐	학습목표와 배운 내용을 연 관 지어 생각해 본다.	☐
	교과서를 책상에서 치우지 않고, 다음 수업 시간이 될 때까지 논다.	☐	교과서와 공책 등을 정리하 고 책상을 깨끗이 정돈한다.	☐
복습	수업 시간에 배운 가장 중요 한 내용이나 핵심 개념이 무 엇인지 모른다.	☐	수업 시간에 배운 가장 중요 한 내용이나 핵심 개념을 공 책에 메모하고 메모한 내용 을 중심으로 복습한다.	☐
	배운 내용을 이해하지 못하 고 있는 상태다.	☐	**배운 내용을 이해하고 있으 며, 학습일지를 3줄 이상 쓸 수 있다.**	☐
	교과서를 펴고 물어보면 아 는 게 거의 없거나 아예 없다.	☐	**교과서에 밑줄이 쳐져 있고 새로 알게 된 내용을 자신 의 말로 바꿔서 설명할 수 있다.**	☐
	궁금한 내용이나 더 알고 싶 은 게 없다.	☐	궁금하거나 더 알고 싶은 내 용은 공책에 따로 메모했다 가 더 공부한다.	☐
	일주일이 지난 뒤 물어봤을 때 남아 있는 지식이 거의 없거나 아예 없어서 뭘 공부 해야 할지 전혀 모른다.	☐	일주일이 지난 뒤 잊어버렸 거나 모르는 부분을 확인해 서 복습한다.	☐

1. 메타인지가 무엇이라고 생각하시나요?

2. 메타인지에 문제가 있으면 공부를 어떤 방식으로 하게 될까요?

3. 이 책에서 말하는 실패에서 배우라는 말은 무슨 뜻일까요?

4. 아이의 메타인지를 키워주기 위해 어떤 노력을 해보고 싶으신가요?

공부 습관을 잡아라

우리가 일상적으로 하는 행동은

대부분 습관으로 이루어져 있습니다.

이 장에서는 습관이 만들어지는 원리를 알아보고

좋은 공부 습관을 들이는 방법을 살펴보겠습니다.

1 공부 습관,
왜 정리 정돈부터 시작해야 할까?

툭 하면 준비물을 잊는 아이의 사물함

"선생님, 경호(초4) 오늘도 준비물 안 가져갔죠?"

경호 엄마가 찾아오셨습니다. 경호는 준비물도 툭 하면 안 가져오고 숙제도 안 해오기 일쑤였습니다. 이런 일이 반복되다 보니 아이들은 수업 중에 모둠 활동을 하거나 공동 과제를 할 때 경호와 함께 하기 싫어했습니다.

상담에 앞서 경호 엄마에게 다른 아이들 사물함을 열어보게 했습니다. 어떤 사물함을 열어도 깔끔했습니다.

"에구머니!"

경호 엄마가 경호 사물함을 열자 온갖 잡동사니가 쏟아졌습니다. 경호 엄마는 집에 있는 책상이 더 엉망이라고 했습니다. 가방에도 온통 장난감 딱지와 쓸데없는 물건으로 가득하다고요.

학습 습관이란 학습에 필요한 여러 태도를 통틀어 말합니다. 숙제에 필요한 교과서를 챙겨서 집에 가져가는 것, 내일 수업에 사용할 준비물을 가방에 넣어두는 것, 학습일지를 쓰고 일찍 잠자리에 드는 것, 일찍 일어나서 아침을 먹고 학교에 늦지 않게 가는 것, 몰아서 하지 않고 평소에 꾸준히 예습과 복습을 하는 것 등이 모두 학습 습관에 해당합니다.

다음은 교육학자 전정재 박사가 책에서 소개한 학습 습관 점검표입니다.

우리 아이 학습 습관 점검표[20]

문항	질문	그렇다	그렇지 않다
1	숙제 자체가 무엇인지 정확히 모를 때가 있다.		
2	숙제하는 데 필요한 책, 참고물 등을 몇 개씩 잊고 다닌다.		
3	가끔 숙제를 해놓고도 잊어버려서 그냥 등교한다.		
4	숙제를 물어보려고 친구에게 전화한다는 소리를 자주 한다.		
5	숙제, 시험 공부 외에 다른 공부나 책 읽기를 잘 안 한다.		
6	공부를 시작하려면 책, 공책, 알림장 찾는 데 시간이 걸린다.		
7	숙제를 시작하려면 오래 걸린다.		
8	숙제를 한다고 책상 앞에 앉아 있는 시간이 오래 걸린다.		

9	공부를 집중해서 하지 못한다.		
10	책을 읽을 때 그 내용의 중점 잡기를 힘들어 한다.		
11	기억력에 문제가 없는데도 전날 공부한 내용을 잘 기억하지 못한다.		
12	그리 어렵지 않은 수학 문제를 푸는 데 많은 시간을 보낸다.		
13	실수로 틀린 문제를 반복해서 틀린다.		
14	답을 아는데도 문장을 쓰라고 하면 도중에 많은 것을 빠뜨린다.		
15	무슨 글을 쓰려는지 아는데도 정작 자기 생각과 의견을 표현하고 글로 옮기기 힘들어 한다.		
16	단어를 외웠는데 물어보면 잊고 있을 때가 많다.		
17	공책에 낙서, 그림 등이 많고 어떤 쪽은 반쯤 찢어진 부분도 있다.		
18	해야 할 숙제, 할 일 등을 시간 안에 못 해낸다.		
19	시험 바로 직전에 당일치기로 공부하려고 한다.		
20	시험에 대한 공포가 심하다.		

전정재 박사는 앞 체크리스트의 4~6개 항목에서 '그렇다'라고 응답한 경우는 공부한 것의 25~30퍼센트가 새어나간 공부라고 말합니다. 또한 8~9개 항목에서 '그렇다'라고 응답했다면 학습 습관이 전혀 형성되지 않은 거라고 충고합니다.

학습 습관 잡기 첫째는 정리 정돈

　학습 습관을 잡아주는 첫 번째 방법은 정리 정돈을 가르치는 것입니다. 정리와 정돈은 함께 다니는 짝꿍과 같습니다. 정리와 정돈은 비슷해 보여도 조금 다릅니다. 정리는 필요한 물건과 필요가 없는 물건을 구분해서 버리는 것입니다. 기준을 정해서 필요 없는 것은 과감하게 버려야 주변이 깔끔해집니다. 불필요한 것을 버리는 게 정리라면 정돈은 언제든 곧바로 사용할 수 있도록 자리를 정해주는 것을 말합니다.

　교실에선 가방과 책상, 사물함, 신발장 네 가지는 항상 세트로 정리 정돈하는 게 좋습니다. 저는 어떤 학년을 맡든 3월 초에 책상, 사물함, 가방, 신발장을 세트로 정리하고 깔끔하게 정돈하는 방법을 반복해서 가르쳤습니다. 아무리 집중력이 좋은 아이라도 책상에 재미있는 물건이 있으면 그걸 만지작거리느라 공부에 집중하기 어렵습니다. 사물함에 없어도 되는 물건까지 넣어두면 공간이 좁아져서 필요한 물건을 제대로 수납하기 힘듭니다. 가방에도 필요한 물건만 갖고 다니는 게 좋습니다. 책상, 사물함, 가방 세 가지를 세트로 지도해야 하는 이유입니다.

　가정에서도 반드시 정리 정돈을 습관으로 만들어 주셔야 합니다. 집에 오자마자 책가방을 먼저 정리하게 하되 필요 없는 물건은 바로 쓰레기통에 버리게 합니다. 장난감이나 딱지, 쓸데없는 종이들을 넣어 다니는 경우도 이런 지도를 매일같이 반복하는 게 좋습니다.

　정리 정돈 습관이 아직 잡히지 않았다면 다음과 같이 지도해 주세요.

책상과 가방 정리 정돈하기

1. 집에 오면 가방에 든 모든 물건을 꺼냅니다. 문제집, 공책, 필통, 장난감, 낙서한 종이 등이 한데 뒤섞여 있을 겁니다.

2. 버려도 되는 물건과 버리면 안 되는 물건을 구분합니다.

3. 버려도 되는 물건은 쓰레기통에 바로 버리고, 버리면 안 되는 물건은 가방에 넣어야 할 것과 책상에 놓아야 할 것으로 다시 구분합니다.

4. 가방은 정리해서 책상 옆에 가지런히 놓습니다.

5. 책상에는 책, 교과서, 필통 등만 놓습니다. 책과 교과서, 문제집은 작은 책꽂이를 이용해서 늘 같은 자리에 꽂게 합니다.

6. 그밖에 다른 물건은 책상에서 모두 치웁니다.

7. 책상 위를 깨끗하게 닦은 다음 공부를 시작합니다.

8. 공부를 마친 다음 학교에 가져가야 할 과제물이나 준비물은 가방에 넣습니다.

9. 책상 위에 아무것도 없도록 깨끗하게 정리합니다.

학습은 습관과 매우 밀접한 관련이 있습니다. 이 장에서는 습관의 형성 원리를 알아보고 습관을 바로잡는 방법을 다양한 사례와 살펴보겠습니다.

2 책상 앞에 앉기까지 오래 걸려요

집에 오면 컴퓨터게임부터 하는 아이

"선생님, 재영(초5)이를 책상 앞에 앉히기가 너무 힘드네요. 컴퓨터게임은 몇 시간씩 하는데 말이에요. 잔소리하면 딱 그때뿐이에요."

재영이 엄마 표정이 심각했습니다. 재영이는 친구가 많고 활동적인 데다가 성격이 한없이 느긋했습니다. 문제는 5학년인데도 공부를 전혀 안 한다는 것이었습니다. 집에 들어오면 이 핑계 저 핑계 대다가 컴퓨터게임을 신나게 하고 나서야 간신히 일기 몇 줄 끄적거리다가 자는 게 전부였습니다. 숙제도 안 하고 자서 다음 날 아침에 대충 휘갈기듯 하고 말입니다.

여러분은 집에 들어가면 가장 먼저 무엇을 하나요. 신발을 벗고 손을 씻고 옷을 갈아입을 겁니다. 자신이 무엇을 하고 있는지 의식하지 않고도 말이죠. 의식하지 않고도 능숙하게 해내는 일은 대부분 습관입니다.

재영이가 집에 와서 하는 일도 모두 습관입니다. 엄마가 '이렇게 해라, 저렇게 해라' 잔소리하면 재영이도 그러지 말아야겠다고 생각은 합니다. 하지만 다음 날도 그다음 날도 달라지지 않습니다. 이건 의식적인 결정이나 사고의 문제가 아니라 습관의 문제이니까요.

힘들이지 않고 책상 앞에 앉히는 비결

우리 뇌는 효율적으로 움직여서 에너지를 최소한으로 쓰기 위해 온갖 노력을 기울입니다. 특히 반복되는 행동은 기계적으로 빠르게 수행하도록 덩어리로 묶어서 기억하는 식으로 변환합니다. 행동을 덩이로 묶는다고 해서 학자들은 이걸 '청킹(chunking)'이라고 부릅니다.

우리는 매일 수십 가지 행동덩이를 반복합니다. 칫솔에 치약을 먼저 묻힌 다음 입에 넣기, 셔츠 입으면서 단추 채우기, 물 마시고 화장실 가기 등 다양한 행동을 주의를 기울이지 않고도 합니다. 심지어 초보자가 아니면 주변 상황을 크게 의식하지 않으면서 운전도 잘합니다. 모두 뇌가 일상의 반복되는 행동들을 행동덩이로 묶어 습관으로 만들기 때문입니다.

MIT대학에서는 뇌에서 습관을 처리하는 부위가 기저핵이라는 걸 밝혀냈습니다. 생쥐를 활용한 미로 실험에서 미로를 빠져나가는 게 익숙해지면 생쥐의 뇌에선 기저핵 부위만 활성화됐습니다. 반면 기저핵이 활성화되면 학습을 하고 의사결정을 하는 인지능력과 관련 있는 뇌의 회백질은 활성화되지 않았습니다. 습관이 작동하는 동안 의식을 기울여서 공부하고 사고하는 뇌는 쉬는 셈입니다.[21]

습관에 따라 움직이면 뇌는 편해서 좋아하지만 학습을 해야 하는 경우는 얘기가 전혀 다릅니다. 아이는 의도적으로 책상에 앉아야 하고 교과서를 읽어야 합니다. 공부는 뇌가 움직이고 직접 관여해야 하는 일입니다. 따라서 이때는 습관이 아닌 의지가 필요합니다.

물론 인간의 의지력이 무한히 솟아나면 좋겠지만 현실은 그렇지 않습니다. 의지는 충전이 필요한 배터리처럼 쓸 수 있는 양이 사람마다 정해져 있습니다. 아무리 의지력이 강한 사람이더라도 앞에서 의지력을 많이 쓰고 나면 뒤에서는 고갈돼 버립니다.

어른도 회사에서 힘든 일을 하고 집에 오면 꼼짝도 하기 싫습니다. 아이도 의지력을 매번 사용하는 것은 힘든 일입니다. 학습이 아닌 부분은 습관으로 만들어서 효율을 높여줄 필요가 있는 것이죠.

저는 재영이 책상을 현관문 바로 앞으로 옮기도록 조언했습니다. 재영이 엄마는 의아해했습니다.

"책상을 현관문 앞으로 옮기라고요?"

"네, 신발을 벗으면 곧바로 의자에 앉게 하세요. 학습일지를 쓸 수 있게 책상에 공책이랑 연필만 놔주시고요. 학습일지를 다 쓰면 일어나게 하세요."

재영이는 집에 오면 신발을 벗고 화장실로 가서 손을 씻습니다. 손을 씻으면 옷을 갈아입는데, 옷을 갈아입으러 방에 들어가면 컴퓨터가 눈에 띕니다. 컴퓨터를 보는 순간 재영이 머리에선 컴퓨터게임이라는 습관의 방아쇠가 당겨집니다. 컴퓨터게임의 현란한 자극을 기억하는 재영이의 뇌는 재빨리 공부하지 않을 온갖 핑계를 만들어냅니다. 그 순간 공부는 물 건너가죠.

습관의 회로를 끊어라

전에 재미있게 본 드라마에서 어떤 마약 중독자 이야기가 나왔습니다. 그는 몇 달 동안 덜덜 떨고 온몸에 땀이 비 오듯 흘러내리는 걸 견뎌내면서 간신히 약을 끊었습니다. 그런데 출소하자마자 마약에 손을 댔다가 다시 잡혀 들어갔습니다. 극단적인 예이지만 습관의 방아쇠는 이렇게 무섭습니다.

재영이는 습관의 방아쇠를 당기지 않는 것부터 시작했습니다. 저는 재영이가 학습일지를 써오면 검사한 다음 칭찬(보상)했습니다. 일주일이 지나고 이 주일이 지나면서(반복) 자연스럽게 신발을 벗으면 책상(신호) 앞에 앉아서 학습일지를 쓰게 됐죠. 한 달도 채 지나지 않았을 때 재영이 엄마에게 다시 전화가 왔습니다.

"선생님, 정말 신기해요. 게임하는 시간이 줄어들더니, 요새는 아예 안 해요."

"이제 책상 다시 옮기셔도 되겠네요. 하지만 컴퓨터는 눈에 안 띄는 곳으로 치우는 게 좋겠어요."

이때 주의할 점은 습관이 개선됐다고 마음 놓아서는 안 된다는 것입니다. 컴퓨터게임은 뇌에 습관이라는 회로로 강하게 연결돼 있다가 잠시 연결이 끊어졌을 뿐입니다. 언제든 다시 습관의 회로에 불이 들어올 수 있습니다. 방아쇠가 당겨지지 않도록 늘 주의하는 게 좋습니다.

가장 좋은 것은 애초에 의지력을 쓸 일을 안 만드는 것입니다. 유혹은 이기는 게 아니라 무시하는 것이라는 말도 있습니다. 게임을 하지 않고 참는 것은 의지력을 많이 쓰는 일이지만, 게임을 아예 시작조차 안 했다면 의지력을 쓸 일도 없습니다. 처음부터 아이의 의지력을 시험할 상황을 만들지 않는 게 좋겠지요.

공부 잘하는 아이에게는 좋은 공부 습관이 있고, 못하는 아이에게는 나쁜 공부 습관
이 있습니다. 습관을 잡아주기 위해 아이가 공부하는 모습을 먼저 꼼꼼하게 관찰해 보
세요. 따뜻한 마음으로 세심하게 살펴보고, 무엇을 고치고 무엇을 더 노력해야 할지 함
께 찾아보세요. 공부 습관을 잡아주기 위해서 아이에게 다음과 같은 '위시리스트'를 직
접 써보게 하면 좋습니다.

나의 공부 습관 위시리스트

지금 나의 공부 습관	목표로 하는 공부 습관	습관을 바꾸기 위해 할 일과 준비물
집중하는 시간이 최대 10분 이어서 10분이 지나면 딴 생각을 한다.	적어도 15분은 집중하고 싶다.	• 할 일: 집중 시간을 매일 30초씩 늘린다. • 준비물: 스톱워치
어려운 문제가 나오면 손톱을 물어뜯는다.	공부할 때 손톱을 물어뜯지 않고 싶다.	• 할 일: 엄지손톱에 밴드를 감는다. • 준비물: 밴드
가방 정리를 안 하고 잔다.	집에 오면 가장 먼저 가방부터 챙겨야겠다.	• 할 일: 냉장고에 습관달력을 붙인다. • 준비물: 습관달력

3

세상에서 가장 힘센 것은 습관

"선생님, 저희 유민(초5)이는 문제집을 안 풀려고 해요. 하라고 잔소리하면 온갖 핑계를 대는데 결국 안 하고 그냥 자요. 학원에서도 숙제 때문에 자주 혼나요. 선생님이 이 습관 좀 잡아주시면 안 될까요."

세상에서 가장 힘센 것을 꼽으라면 저는 주저하지 않고 '습관'을 꼽을 겁니다. 습관은 우리 삶을 철저하게 지배하고 있습니다. 공부며 운동이며 다이어트며 남들이 못하는 것을 해내는 것도, 남들은 잘하는데 나는 안 되는 것도 모두 습관 때문입니다.

우리 뇌는 엄청난 양의 에너지와 산소를 소비합니다. 무게는 1.4킬로그램 남짓이지만 소비하는 칼로리는 전체의 3분의 1이 넘습니다. 그러다 보니 뇌는 최대한 효율적으로 일하려 합니다. 자주 반복해서 익숙한 일은 자동화

시스템으로 만들어버립니다. 우리가 일상에서 하는 행동의 40퍼센트가 이렇게 자동화된 일입니다. 우리는 이걸 흔히 습관이라고 부릅니다.

'귀찮아' 핑계 대는 뇌를 속이는 방법

다음 그림처럼 습관이 되지 않은 일은 뇌가 많이 일해야 합니다. '귀찮다' '하기 싫다' '내일부터 해야지'라고 생각하는 것도 사실은 뇌가 자동화되어 있지 않은 일을 하지 않으려고 온갖 핑계를 지어내는 데서 오는 겁니다. 너무나 약삭빠른 뇌이죠.

우리는 뇌를 이길 수는 없지만 속일 수는 있습니다. 조금씩, 자주, 적어도 두 달 이상 버티면 어느새 뇌가 그것을 새로운 습관으로 인식하거든요.

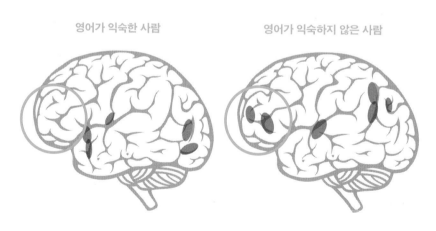

영어가 익숙한 사람　　　　　　영어가 익숙하지 않은 사람

습관이 아닌 것을 할 때 뇌는 피곤하다[22]

2019년에 방영된 〈SBS 스페셜〉 '당신의 인생을 바꾸는 작은 습관' 편에는 세 사람의 사례가 등장합니다. 각각 공부가 잘 안 되는 중학생, 정리를 잘하고 싶은 주부, 야식을 끊고 싶은 직장인이었습니다. 실험에서는 각자의 멘토들이 나서서 직접 솔루션을 제공하였고 4주 후 문제의 습관들이 어떻게 달라지는지 지켜보았습니다.

공부가 잘 안 되는 중학생의 멘토로 나선 이는 공신 강성태였습니다. 강성태 멘토는 먼저 백지에 그날 학교에서 공부한 내용을 모두 적어보게 했습니다. 집에 와서 이 백지를 채우려면 수업 시간에 뭐든 들을 수밖에 없습니다. 앞에서 재영이에게 썼던 방법과 같지요. 이밖에도 강성태 멘토는 습관달력을 만들어 주고 매일 채우도록 했습니다. 한 주에 하나씩 습관을 추가해 가면서 게임하듯이 달력을 채우게 했죠. 4주 후 이 중학생은 정말로 집중해서 공부하는 습관을 갖게 되었습니다.

습관을 바꾸기 위해 기억할 세 가지

이 실험에서 눈여겨볼 것은 크게 세 가지입니다.

첫째, 습관은 우리가 원한다면 바꿀 수 있습니다. 공부 습관이 전혀 없는 아이도 상관없습니다. 습관이 만들어지는 원리를 정확하게 이해하면 공부하는 습관도 만들 수 있습니다.

둘째, 좋은 습관이든 나쁜 습관이든 습관이 만들어지는 데는 어느 정도 시간이 필요합니다. 미국의 유명한 정신과 의사 맥스웰 몰츠는 『맥스웰 몰츠 성공의 법칙』에서 습관이 생기려면 적어도 21일은 걸린다고 했고, 영국 런던

대학(UCL)의 필리파 랠리(Phillippa Lally) 박사는 적어도 66일은 지속해야 한다고 말했습니다.

중요한 것은 이 정도 최소한의 시간을 버티지 못하면 습관이 되지 않는다는 겁니다. 뭐든 두 달도 못 하고 관둘 거라면 차라리 안 하는 게 낫습니다. 하다 말다 하는 게 습관이 돼버리니까요.

셋째, 습관은 작은 행동을 바꾸는 것부터 시작합니다. 뇌는 크고 거창한 걸 바꾸려 하면 거부감을 보입니다. 하기 싫다고 핑계를 대면서 과거의 습관대로 행동하려 하죠. 공부 습관이 잘 만들어지지 않는 것도 시작이 너무 거창해서 그런 경우가 많습니다. 시작은 사소해야 하고, 별것 아닌 것처럼 보여야 하며, 누구나 해볼 만큼 만만한 것이어야 합니다.

『습관의 재발견』의 저자 스티븐 기즈는 30분짜리 운동도 힘들어하는 사람이었습니다.[23] 그러던 어느 날, 팔굽혀펴기를 딱 한 번만 해보자고 마음먹었습니다. 백 번도 아니고, 오십 번도 아니고 딱 한 번만 해보자고 생각했습니다. 스티븐 기즈는 이 팔굽혀펴기 한 번을 계기로 인생의 많은 부분을 바꿔나갔습니다. 그는 이 최초의 팔굽혀펴기를 인생을 바꾼 행동이라는 뜻으로 '골든 푸시업(golden push-up)'이라고 부릅니다.

공부를 평소 안 해본 아이에게도 골든 푸시업이 필요합니다. 작고 시시해 보이는, 만만한 것부터 도전하는 겁니다. 문제집을 풀기 싫어하는 아이라면 하루에 딱 세 문제만 풀게 합니다. 세 문제 푸는 것에 익숙해지면 그다음은 다섯 문제, 그다음은 일곱 문제처럼 매주 조금씩 늘려갑니다.

유민이도 그렇게 습관을 들였습니다.

"앞으로 하루에 딱 세 문제만 풀게 하세요. 대신 문제집과 관련해서 일체 잔소리는 하시면 안 돼요."

"그럼 그 많은 문제를 언제 다 풀어요."

"더 안 푸냐고 유민이가 물어볼 때가 와요. 그럼 그때 늘리세요. 대신 그만큼은 약속을 꼭 지키도록 하시고요."

유민이는 하루에 딱 세 문제만 풀면 되는 데다 엄마가 정말로 잔소리를 안 하니까 처음엔 이상했던 모양입니다. 정말 더 안 해도 되냐고 몇 번을 묻더랍니다. 그렇게 하루가 가고 이틀이 가고 일주일이 갔습니다.

세 문제만 풀고 놀던 유민이가 먼저 더 풀어도 되냐고 묻는 날이 왔습니다. 저와 미리 이야기한 대로 굳이 하고 싶다면 몇 개 더 풀어도 되지만 대신 한번 풀기로 하면 그만큼은 꼭 풀어야 한다고 했더니, 이 정도는 해볼 만하다고 몇 개 더 풀겠다고 하더랍니다.

그렇게 풀던 게 일곱 개…… 열 개까지 서서히 늘었습니다. 엄마가 그쯤 가서 한 장 풀어보는 것은 어떠냐고 물어보니 잠시 고민하던 유민이가 해보겠다고 하더랍니다. 그렇게 해서 나중에는 하루에 한 시간씩 수학 문제집을 풀게 됐습니다. 신기하고 재밌지요? 이게 바로 습관의 힘입니다.

게임을 끊고
공부를 시작할 수 있을까요?

습관을 넘어 중독이 되는 것들의 비밀

성우(초6)는 아이들 사이에서 게임중독으로 유명했습니다. 성우는 학교에서 한 심리검사에서도 학년 전체에서 가장 높은 점수로 게임중독 고위험군으로 분류되었습니다. 부모님은 바빠서 매일 새벽 늦게 들어오시고 성우는 부모님이 오실 때까지 기다린다는 핑계로 새벽 서너 시까지 게임을 하다가 잤습니다. 당연히 다음 날이면 늦잠을 자느라 지각하곤 했습니다.

성우에게 게임을 왜 그렇게까지 하는지 물었더니 이렇게 말했습니다.

"저도 안 하고 싶은데 그게 습관이 돼버렸어요. 안 하면 왠지 허전해요."

좋은 건 습관이 되기 어려운데 컴퓨터나 스마트폰, 유튜브 등은 왜 그렇게 빨리 습관이 될까요. 습관이 만들어지는 원리가 있기 때문입니다. 습관은 다음과 같은 세 단계를 거쳐 만들어집니다.[24]

1단계	신호	어떤 행동을 해야 한다는 신호가 주어진다(습관의 방아쇠).
2단계	반복	반복적으로 행동한다(잦은 반복).
3단계	보상	재미나 즐거움이 보상으로 뒤따른다(재미가 중요).

달리기가 몸에 좋은 건 누구나 압니다. 하지만 달리기가 습관인 사람은 많지 않습니다. 어지간해선 달리기를 보상으로 여기기 어렵기 때문입니다. 달리기는 40분 이상 지속했을 때 비로소 뇌에서 기분 좋은 호르몬(보상)이 나옵니다. 평소에 운동을 안 하는 사람이 어느 날 갑자기 몸에 좋다는 이유만으로 40분 이상 달리기를 할 수 있을까요. 약삭빠른 뇌가 이런 보상도 없는 재미없는 일을 좋아할 리 없습니다. 습관으로 만들기 어렵죠.

보상 없는 힘든 일은 뇌가 가장 하기 싫어하는 일입니다. 며칠 하다가도 원점으로 금방 되돌아갑니다. 외국어 공부나 다이어트도 마찬가지입니다. 야심 차게 시작해도 유창한 외국어 능력, 눈에 띄는 감량처럼 보상을 얻기까지 시간이 오래 걸리는 일들은 습관이 되기 어렵습니다.

반면 컴퓨터게임은 이런 것들과는 정반대입니다. 컴퓨터게임은 일상적인 풍경과 전혀 다른 자극을 뇌에 보냅니다(신호). 시각과 청각에 엄청난 자극이 즉각적으로 주어집니다(보상). 조금만 노력하면 레벨이 올라갑니다(보상). 레벨이 올라갈 때마다 짜릿한 성취감이 느껴집니다(보상). 보상이 계속 주어지므로 또 하게 됩니다(반복). 결국 컴퓨터게임에 빠지게 됩니다. 보상이 연달아 세 가지나 주어지는 것을 눈여겨보세요. 컴퓨터게임이 습관이 되기 쉬울까요, 어려울까요.

유튜브 역시 마찬가지입니다. 유튜브의 알고리즘은 시청자가 한 번이라도 봤거나 좋아할 만한 주제의 영상을 찾아서 보여줍니다(신호). 영상을 본 시청자가 좋아하고 관심 있는 주제를 자동으로 보여줍니다(보상). 재미있어서 다른 영상을 또 봅니다(반복). 유튜브에 빠집니다.

스마트폰은 더 말할 것도 없습니다. 화면을 켜면 온갖 방아쇠들이 당겨집니다. 자극과 재미라는 보상이 뒤따릅니다. 보고 또 보게 됩니다. 나도 모르게 습관이 됩니다. 여기에 열망과 기대감까지 보태지면 그땐 매우 강력한 습관, 우리가 흔히 말하는 중독이 돼버립니다. 스마트폰중독, 게임중독, 쇼핑중독은 모두 같은 원리입니다.

같은 행동을 반복해야 습관이 됩니다. 책도 자꾸 읽어야 습관이 되고 공부도 자꾸 해야 습관이 됩니다. 어떤 일이 습관이 되려면 신호가 먼저 주어져야 하며 보상이 있어서 충분히 반복돼야 합니다. 이 과정을 꾸준하게 지속하면 그 행동은 습관으로 굳어집니다.

반대로 이 과정을 지속하지 않으면 습관이 되지 않습니다. 이 이치를 몇 번이고 곱씹어서 생각해 보셔야 합니다. 습관이 만들어지는 고리 중 하나라도 끊어야 나쁜 습관을 깰 수 있습니다. 방아쇠가 될 만한 신호를 없애거나 보상을 주지 않아서 지속할 만큼 재미를 못 느끼게 하는 식입니다.

습관의 고리를 끊는 방법 네 가지

정리하자면 습관을 바꾸는 방법은 네 가지로 요약할 수 있습니다.

첫째, 습관의 방아쇠가 당겨질 때 바로 행동하지 않아야 합니다. 컴퓨터게임을 하고 싶은 충동을 느끼는 순간에 전혀 상관없는 다른 행동을 하는 겁니다. 삼십까지 세면서 심호흡하기, 자리를 피하기, 양치하기, 사탕 먹기처럼요. 강력하게 욕구가 치미는 그 순간 30초에서 1분 정도 다른 생각이나 다른 행동을 하는 것입니다.

둘째, 싫어하는 것과 연결합니다. 아기들이 좋아하는 공갈 젖꼭지를 끊을 때 아기가 싫어하는 식초를 연하게 희석해서 바르는 엄마들이 간혹 있습니다. 이것도 좋아하는 것에 싫어하는 것을 연결 지으면 습관에 제동이 걸리는 원리입니다.

셋째, 다른 행동으로 대체합니다. 게임을 끊어야 한다면 게임을 대체할 만한 다른 행동이 있어야 합니다. 게임 시간만큼 달리기를 하거나 큰소리로 노래를 부른다거나 하는 식으로 대체할 행동을 제시해 줘야 합니다.

넷째, 습관의 방아쇠가 될 것을 주변에서 치웁니다. 최상위권 고등학생은 스마트폰을 아예 쓰지 않거나 2G 폰으로 바꾸거나 비행기 모드로 해놓습니다. 저도 책을 집필할 때는 스마트폰을 무음으로 설정해 둡니다. 알림이 올 때마다 스마트폰을 들여다보면 몰입 상태가 깨지기 때문입니다.

성우는 어느 날 게임을 끊었습니다. 기특해서 비결을 물었더니 성우가 대답했습니다.

"저도 게임을 너무 많이 한다는 생각은 하고 있었는데 어떻게 끊어야 할지 몰랐어요. 처음엔 게임이 너무 하고 싶고 손도 근질근질했죠. 근데 선생님이 게임하고 싶을 때마다 먹으라고 사탕을 한 봉지 사주셨잖아요. 사탕 하나를 다 먹을 때까지만 눈 감고 숫자를 세라고요. 신기하게도 진짜로 사탕을 한 개 다 먹고 나면 게임하려는 마음이 줄어 있더라고요. 게임하고 싶어질 때마다 그렇게 했더니 정말 게임이 끊어지던데요? 근데 이빨이 썩었어요. 치과 가야 될 것 같아요. 하하하."

그때 성우에게 사줬던 사탕이 스카치 캔디입니다. 지금도 그 사탕 봉지를 보면 성우가 생각나서 혼자 웃습니다. 게임을 끊은 성우에게 무엇을 하고 싶냐고 물었더니 책을 읽어보고 싶다더군요. 성우는 정말로 책을 읽기 시작했고 공부도 하게 됐습니다. 습관은 고리와 같습니다. 고리를 끊으면 점점 강도가 약해지면서 습관에서 멀어지게 됩니다.

일하는 엄마는 고민이 많다

"선생님, 저는 워킹맘이라 세연(초4)이랑 같이 보내는 시간이 너무 적어요. 세연이는 제가 집에 들어갈 때까지는 숙제도 안 하고 그냥 놀아요. 밖에서 바쁜데 공부는 잘하고 있는지 일일이 확인하기도 힘들고요. 남편은 아이 교육에 관심이 없어서 저 혼자 이런 일을 도맡아 하려니 정말 피곤해요."

보험설계사인 세연이 엄마는 시간 단위로 일정이 있을 정도로 바쁜 분이었습니다. 저와 상담할 시간도 간신히 냈다고 했습니다. 저도 워킹맘이고 아이를 둘 키웁니다. 그래서 세연이 엄마의 마음을 잘 압니다. 저도 제가 없을 때 아이들이 알아서 공부하고 책 읽고 청소도 하면 좋겠습니다. 워킹맘이라면 누구나 세연이 엄마와 비슷한 고민을 하지 않을까요.

보건복지부에서 '2018년도 보육실태조사 결과'를 발표했습니다. 영유아를

둔 2,533가구와 어린이집 3,400곳을 대상으로 조사한 결과입니다. 하루 중 부모와 아이가 수면 시간을 제외하고 함께 보내는 시간을 조사했는데, 아빠는 2015년에서 2018년까지 3년 새 36분 늘었고, 엄마는 16분이 줄었습니다. 아빠의 양육 시간이 36분 늘었다고 해도 엄마에 비하면 턱없이 부족하지요. 아빠가 엄마만큼 육아를 분담하려면 앞으로 한참 더 시간이 걸릴 겁니다. 현실적으로 아직까진 엄마가 감당할 몫이 크단 뜻입니다.

일하는 엄마만 기다리는 아이의 속마음

워킹맘은 집에 없는 동안 아이가 무엇을 하는지 잘 모르기 때문에 불안합니다. 엄마가 집에 있을 때도 얌전하게 공부만 하는 게 아닌데 엄마가 없는 시간에 무엇을 할지 알 수가 없습니다. 불안하고 걱정스럽습니다. 당연한 걱정이긴 하지만 걱정한다고 해서 걱정거리가 사라지진 않습니다. 엄마가 아이에게 긍정적인 기대를 하면서 아이가 잘해줄 거라고 굳게 믿고 있음을 보여주는 쪽이 낫습니다.

아이가 혼자 할 수 있는 일이어도 하지 않고 엄마가 올 때까지 미루는 것은 사실 그렇게 하면 엄마가 아이에게 더 관심을 보이고 함께한다는 것을 아이가 알기 때문입니다. 엄마 의도와는 방향이 전혀 다르지만, 아이 속마음은 그런 것이죠.

엄마가 없어도 아이가 스스로 자기 할 일을 잘하게 하려면 어떻게 해야 할까요? 다음과 같은 방법들이 있습니다.

혼자서도 잘하는 아이가 되기 위한 지도 방법

1. 아이가 집에 와서 반드시 해야 할 일을 모두 적어보세요.

   예 샤워, 저녁식사, 독서, 독후감 쓰기, 방 청소, 수학 문제집 두 장 풀기

2. 아이와 함께 혼자 할 수 있는 일과 부모가 도와줘야 할 일을 나누어보세요.

   예 혼자 할 수 있는 일: 샤워, 독서, 문제집 풀기

   부모가 도와줘야 할 일: 틀린 문제 다시 풀기, 독후감 쓰기

   그 밖의 일: 저녁 식사, 방 청소

3. 혼자 할 수 있는 일은 부모가 오기 전까지 끝내게 하세요. 다 하면 부모에게 문자로 알립니다. 부모에게 문자로 알리는 것까지 미션으로 지도하세요.

4. 부모는 문자를 받으면 반드시 답장을 보내야 합니다. '고마워, 파이팅!' 등 짧더라도 답을 합니다.

5. 집에 돌아와서 아이가 한 일을 확인하고, 잘한 일에 집중해서 피드백하세요. 피드백은 짧고 명확하게 하는 게 좋습니다. 잔소리를 길게 늘어놓는다거나 하면 안 됩니다.

무언가 새로운 일에 도전하거나 새로운 일을 습관으로 만들어야 할 때는 조금이라도 나아진 부분을 보세요. 그 부분에 집중해서 피드백을 해줘야 아이가 그 부분을 시작으로 점점 더 좋은 쪽으로 변화하게 됩니다.

"아니, 이건 왜 안 해놨어? 엄마가 다 하라고 했잖아. 엄마 오기 전까지 해놔야지. 이게 뭐야, 번번이. 이러면 엄마가 화가 나, 안 나?" 하면서 아이를 부정적으로 보면 끝없이 화내고 야단할 일투성이이지만, 긍정적으로 보면 어

제 안 한 일을 오늘은 하는 시늉이라도 했다면 그것만으로도 충분히 훌륭한 것입니다.

"어머, 우리 지우가 혼자서 이걸 해냈구나. 정말 잘했어. 엄마는 네가 혼자서도 할 수 있을 거라고 믿었어. 기특하다. 엄마가 이제 무엇을 도와주면 좋을까?" 하면서 아이가 애쓴 부분을 정확하게 짚어서 칭찬해 주세요. 그러면 칭찬해 준 부분이 강화된답니다.

시간이 부족한 워킹맘을 위한 현실 조언 여덟 가지

워킹맘을 위해 공부와 관련한 몇 가지 현실적인 조언을 드리려고 합니다.

첫째, 독서는 정말 중요합니다. 워킹맘은 현실적으로 아이를 끼고 공부를 가르칠 여유가 없습니다. 그런 공백을 메워주는 가장 가성비 좋은 방법이 독서입니다. 엄마가 설명해 줄 수 없는 것도 책은 설명할 수 있고, 엄마가 가르치지 못하는 것도 책은 가르쳐줍니다. 다른 건 못하더라도 책 좋아하는 아이로 키우는 것만큼은 놓치지 마세요. 특히 아이가 어리다면 책 읽어주는 것만큼은 매일 실천하세요.

둘째, 아이가 할 수 있는 일까지 엄마가 챙기느라 애쓰지 마세요. 좋은 습관은 아이와 평생을 함께 갑니다. 엄마가 잔소리하고 싶은 것을 모두 습관으로 만들어 주세요. 알아서 양치하기, 알아서 책 읽기, 알아서 공부하기, 알아서 숙제하기 모두 습관으로 만들 수 있습니다. 한번 시작한 습관은 처음엔 매일 확인하고 격려해 주셔야 합니다.

셋째, 선생님과 고민을 나누세요. 담임 선생님은 부모가 모르는 아이의 모습을 압니다. 공부할 때 모습, 친구들과 놀 때 모습 등은 담임 선생님이 엄마보다 더 잘 압니다. 선생님에게 솔직하고 구체적인 공부 조언을 구하세요. 직접 찾아가기 어렵다면 미리 양해를 구하고 문자나 메일로 상담하세요.

넷째, 함께 있는 시간을 최대한 따뜻하게 보내세요. 시간적 여유가 없고 바쁘다 보니 아이와 함께 있는 시간을 오로지 엄마랑 공부하는 시간으로만 생각하기 쉽습니다. 하지만 아이에겐 그 시간이 엄마를 제대로 볼 수 있는 유일한 시간일 수 있습니다. 이 시간에 공부와 관련한 긍정적인 정서와 기억을 심어줘야 아이는 공부가 해볼 만하고 재미있는 것이라고 여기게 됩니다.

다섯째, 아이 이야기를 먼저 들어주세요. 아이가 다니기 싫은 학원을 엄마가 조급한 마음에 억지로 보냈을 수도 있고, 아이가 정말 하고 싶은 일이 있는데 엄마가 모를 수도 있습니다. 바쁘더라도 짬을 내서 하루에 한 번은 아이와 이야기를 나누세요. 힘든 일은 없는지, 어려운 것은 없는지 아이 이야기를 먼저 들어보세요. 엄마 의견을 먼저 말해버리면 말이 길어지기 쉽습니다. 아이가 먼저 충분히 말한 다음 엄마 의견을 말하세요.

여섯째, 아빠에게도 일거리를 주세요. '설거지도 하고 음식쓰레기도 갖다 버리고 아이 수학 문제집도 봐줘라' 하는 식으로 아빠에게 다 떠맡기란 뜻이 아닙니다. 아빠가 감당할 정도의 일을 아이와 함께 하도록 하는 겁니다. 아빠가 아이에게 주는 정서적인 영향은 생각보다 훨씬 큽니다. 동화책 열 장 읽고 이야기 10분 이상 나누기, 영어신문 한 챕터 읽기처럼 아빠가 할 수 있는 과제를 정확하게 정해놓고 매일 실천하게 하세요.

일곱째, 학원에 여러 개 보낼 때는 목적을 깊이 고민해 보세요. 워킹맘이 아이를 일찍부터 학원에 보낼 때는 집에 혼자 둘 수 없어서 어쩔 수 없이 보내야 하는 경우가 많습니다. 보육 때문이라면 시간을 채우는 것이 중요한 만큼 가볍고 부담이 없는 과목을 선택해야 합니다. 교육이 목적이라면 아이가 부족한 공부를 꼼꼼하게 봐줄 수 있는 곳을 선택하세요.

여덟째, 화를 내고 싶을 때 한 번만 더 고민해 보세요. "엄마가 누구 때문에 이 고생을 하는 줄 알아?" "엄마도 때려치고 싶어!"라고 말하고 싶은 날도 있을 겁니다. 그런데 아이들은 우리가 생각하는 것보다 더 엄마 마음을 모릅니다.

6학년을 담임했을 때 도덕 시간에 '엄마가 나 때문에 고생한다'라는 말을 들으면 어떤 생각이 드는지 질문한 적이 있습니다. 엄마에게 잘해야겠다는 말이 나올 줄 알았는데, 뜻밖에도 '그렇게 힘들면 엄마가 일하지 않아도 된다' '엄마가 일을 그만두면 좋겠다' 같은 답이 대부분이었습니다. 엄마 마음을 잘 알아주는 철든 초등학생은 많지 않습니다. 폭풍 잔소리 대신 "이 부분은 이렇게 하면 좋겠어. 우리 아들 사랑해"처럼 짧게 말하고 끝내세요.

전문가들은 아이와 함께 있는 시간이 반드시 많아야 하는 건 아니라고 말합니다. 짧은 시간이라도 퇴근 후나 주말을 이용해 올바른 방법으로 아이와 놀아주면 신체·정서 발달에 좋은 영향을 준다고요.[25]

워킹맘이 보기엔 시간이 많으면 다 해결될 것 같지만 시간이 많아도 육아는 늘 고민스럽습니다. 시간의 양보다 질을 고민하세요. 짧은 시간을 놀아도 맘껏 놀고 짧은 시간에 공부를 봐줘야 한다면 꼭 지도해야 하는 부분만 정해서 봐주는 식으로 지도하세요.

슬기로운
학부모 상담 활용법

"선생님, 저희 지훈이 공부는 잘하나요? 수업 시간에 선생님 말씀하실 때 잘 듣는 편이지요? 친구들하고 떠들거나 그러진 않지요?"

제가 교사로서 상담할 때 학부모들에게 수백 번 들은 말입니다. 학부모는 아이가 학교에서 어떻게 생활하고 공부하는지 많이 궁금합니다. 선생님이 모르는 아이의 모습을 부모가 아는 것처럼, 선생님은 부모가 모르는 아이의 모습을 압니다. 선생님과 이런 이야기를 편하게 나눌 수 있으면 좋겠지만, 그럴 기회는 많지 않지요. 학부모로서 담임 선생님 앞에 앉아 있는 것이 부담스럽기도 하고요. 그러니 공식적으로 주어진 상담 시간을 최대한 활용하는 게 좋습니다.

어떻게 상담해야 궁금한 것을 해소하고 좋은 상담을 할 수 있을까요?

학부모 상담은 학교나 교육과정 운영에 따라 시기나 방법이 조금씩 다릅니다. 3월에 학부모 상담 주간을 운영하는가 하면, 학기 중반에 상담 주간을 운영하기도 합니다. 요즘은 비대면으로 전화나 이메일 상담을 하기도 합니다. 학부모 상담은 시기별로도 다르고 어떻게 질문하느냐에 따라서도 들을 수 있는 답이 달라집니다. 다음은 짧은 학부모 상담 시간을 제대로 활용하시기를 바라는 마음으로 정리해 본 것입니다.

3월 학기 초반 학부모 상담

3월은 교사가 학생을 만난 지 얼마 되지 않은 때입니다. 한마디로 교사가 아이를 잘 모릅니다. 저는 3월에 학부모와 상담할 때 "지금은 제가 아이를 잘 모릅니다. 부모는 알고 교사인 저는 모르는 아이 이야기를 많이 들려주시면 좋겠습니다"라고 솔직하게 말씀드렸습니다.

이 시기에 상담하는 경우, 담임 선생님이 아이에 대해서 전반적인 느낌 정도만 설명할 수 있다는 것을 염두에 두는 게 좋습니다. 이 시기는 선생님의 지난 경험에 비추어 아이를 가늠하는 때라서 "비교적 잘하는 편입니다" "잘 지내는 편입니다" "성실한 편입니다"처럼 '~한 편입니다'라는 대답을 듣게 될 가능성이 큽니다.

이때는 학교생활에 문제가 될 만한 특별한 질병이나 알레르기, 전년도에 크게 문제가 있었던 부분, 지도가 꼭 필요한 부분 등을 선생님에게 부드럽게 이야기해 드리는 게 좋습니다. 집안 형편이나 가족관계 등을 시시콜콜하게 다 이야기할 필요는 없습니다. 선생님이 관심 있게 지도해 주길 바라는 부분만 짚어서 부드럽게 이야기하면 됩니다.

학기초 상담에 나눌 만한 대화의 예

- 선생님, 지훈이가 기초체온이 원래 좀 높아요. 등교할 때 발열 체크하면 늘 높게 나와서 좀 걱정이에요. 체온이 높게 나온다고 바로 돌려보내지 마시고 조금 쉬었다가 다시 재 봐 주시면 좋겠어요.
- 선생님, 지훈이가 조개류를 먹으면 두드러기가 나요. 급식에 나오더라도 빼놓고 먹으라고 당부는 해두었는데 실수로 먹게 돼서 두드러기가 올라오면 급식 메뉴를 한번 봐주시면 좋겠어요.

5월 학기 중반 학부모 상담

5월만 돼도 상담의 결이 달라집니다. 이때는 교사가 이미 학생을 어느 정도 파악한 뒤입니다. 아이가 교실에서 지내는 모습과 공부하는 태도, 학습 능력 등을 교사가 알기 때문에 더 많은 답을 들을 수 있습니다. 이 시기부터는 자세하고 구체적인 질문도 가능합니다. 물론 질문을 잘해야 답도 잘 들을 수 있습니다.

"선생님, 지훈이가 공부는 잘하나요?" 하고 물으면 원하는 대답을 들을 수 없을 겁니다. 부모가 교사에게 듣고 싶은 대답은 '성적이 좋은가' '다른 아이들과 비교했을 때 어느 수준인가' 등일 겁니다. 반면, 교사에게 공부를 잘한다는 것은 '태도가 좋은가' '성실하게 숙제를 잘하는가' '수업 시간에 잘 참여하는가' '성적이 우수한가' 등을 포함하는 폭넓은 말입니다. 학부모가 뭉뚱그려서 잘하냐고 물으면, 선생님도 뭉뚱그려서 잘한다고 대답할 것입니다.

그러면 어떻게 질문해야 할까요? 부드럽되 구체적으로 물어보세요. 평소에 지도를 고민했거나 선생님의 도움이나 조언이 필요한 부분도 함께 이야기합니다.

학기중 상담에 나눌 만한 대화의 예

- 선생님, 지훈이가 자기주장이 강한 편이어서 가정에서도 그 부분을 계속 지도해 왔습니다. 지훈이가 학교에선 친구들 의견을 잘 경청하는지 궁금해요. 친구들과 모둠 토의할 때 친구들 의견을 잘 들어주고 토의에도 잘 참여하나요?

- 선생님, 지훈이가 체육 시간에 게임에서 지면 어떻게 행동하나요? 승부를 인정하고 쿨하게 돌아서는지 궁금합니다. 승부욕이 강한 편이라 혹시라도 지나치다 싶을 때는 선생님이 친절하게 도와주시면 좋겠습니다.

- 선생님, 지훈이가 두 자릿수 곱하기 두 자릿수 계산에서 계속 실수를 합니다. 평소 수업 시간에는 어떤가요? 어떻게 지도해 줘야 좋을지 선생님 의견을 듣고 싶습니다.

학기가 끝나갈 즈음 담임 선생님과 상담을 하면 다른 때보다 들을 수 있는 이야기가 더 많습니다. 학기말이 어렵다면 학년말이라도 괜찮습니다. 선생님께 정중하게 조언을 구하세요. 아이의 1년을 가장 객관적으로 알고 있으며 가장 잘 파악하는 사람이 담임 선생님입니다. 담임 선생님에게 아이의 장단점, 잘하는 부분과 못하는 부분을 객관적으로 들어야 다음 해를 준비하기가 쉽습니다. 이때는 전반적인 평을 듣는 게 좋습니다.

학기말 상담에 나눌 만한 대화의 예

- 선생님, 지훈이는 수학은 좋아하고 사회는 싫어하는 편이에요. 이번 학기에 사회시간 전반적인 수업 태도가 어땠는지 궁금합니다. 선생님께서 과제를 내주시면 잘 해결하려 노력했나요? 싫어하는 과목이라고 대충 공부하지 않고 끈기 있게 공부했는지, 선생님께서는 어떻게 보셨는지 궁금해요.
- 선생님, 지훈이가 국어를 다른 과목보다 더 좋아해요. 이번 해엔 책도 많이 읽고 잘은 못 쓰지만 나름대로 독후감도 쓰려고 애썼고요. 지훈이가 국어를 좋아하니까 더 잘하도록 도와주고 싶어요. 가정에서 앞으로 어떤 부분을 노력해야 할지 선생님께서 조언해 주시면 좋겠습니다.

6 셀프 학습 체크리스트로 혼공하는 아이로 키우세요

성공한 사람들의 아침 습관

가까운 지인들에게 아침 루틴을 물어본 적이 있습니다. '해 뜨기 전에 일어난다' '가볍게 운동을 하거나 짧은 명상을 한다' '일을 시작하기 전에 신문을 읽는다' 등 대답은 다양했습니다. 흥미로운 것은 자기 분야에서 어느 정도 성공을 거둔 사람에게는 아침에 습관적으로 하는 일이 있었고, 그렇지 않은 사람에게는 없었다는 것입니다.

공부를 잘하는 아이들일수록 공부 루틴이 단순하고 명확합니다. '늘 해야 하는 건 무엇이고, 이번 주에 할 것은 무엇이고, 이번 달에 할 것은 무엇이다' 하는 것을 모르면서 아무 공부나 하는 학생은 없죠.

셀프 학습 체크리스트, 공부 루틴의 기본

공부 루틴을 가진 최상위권 학생이라면 누구나 알고 활용하는 이것, 너무나 당연하고 뻔해 보이지만 그만큼 강력한 것은 바로 '계획 세우기(플래너 쓰기)'입니다.

왜 공부를 잘하는 학생들이 학습 계획을 세울까요. 이 학생들은 최종적으로 도달해야 할 최상위 목표가 있고, 최종 목표를 이루려면 그에 따른 세부적인 목표들을 하나씩 이뤄가야 한다는 것을 너무나 잘 알기 때문입니다.

초등학생에게 학습 플래너는 습관을 잡아주고 공부를 스스로 할 수 있도록 도와주는 역할을 톡톡히 합니다. 잘만 쓰면 최고의 습관 교정 프로그램이 되어줍니다.

저는 학생들에게 '셀프 학습 체크리스트'라는 플래너를 만들어줬고 집에서도 같은 양식으로 자녀들에게 쓰게 했습니다. 공부와 독서, 글쓰기, 운동 등 초등학생이 꼭 익혀야 하는 습관을 지도하는 데 이보다 좋은 방법이 없었습니다.

셀프 학습 체크리스트 쓰는 법

1. 주말 저녁에 다음 일주일 계획을 세웁니다. 냉장고처럼 눈에 잘 띄는 곳에 계획표를 붙이세요.

2. 구체적인 숫자로 계획을 세웁니다. 독서 계획이라면 '무슨 책 몇 쪽부터 몇 쪽까지 읽기', 문제집 풀기라면 '무슨 문제집 몇 쪽부터 몇 쪽까지 풀기' 식으로

쓸 수 있도록 지도해 주세요.

> 나의 라임오렌지나무 180~200쪽 읽기
>
> 수학 딴딴문제집 22~24쪽 풀기
>
> ···

3. 오늘 해야 할 일을 했는지 확인하고 스티커나 동그라미, 세모 등으로 실행 여
   부를 표시합니다. 초등 중학년 이상에서는 실천한 내용을 쪽수나 시간과 함
   께 적어도 좋습니다.

	월	화	수
공부	딴딴문제집 4~7쪽◎ (18:00~18:25)	딴딴문제집 8~11쪽○ (18:20~18:45)	딴딴문제집 12~15쪽 단원평가풀기◎ (18:00~18:55)

4. 셀프 학습 체크리스트 표시를 마치면 잠자리에 듭니다. 이렇게 하면 체크리
   스트 표시를 잠자리 루틴과 묶어 습관으로 만들 수 있습니다.

5. 부모님은 아이가 셀프 학습 체크리스트에 표시한 실행 여부를 눈여겨보면서
   하지 않은 일은 왜 안 했는지 물어보고, 다음 날은 꼭 할 수 있도록 격려합니
   다. 아이가 빼놓지 않고 잘하고 있을 때는 충분히 칭찬하세요. 주말에는 푹
   쉬게 하고, 한 주 동안 놓친 부분이 있다면 반성을 쓰게 하세요. 반성에 따라

나아진 부분을 위주로 피드백을 합니다.

6. 처음에는 쉬운 것부터 도전하세요. 양치하기, 책 20분 읽기처럼 해볼 만한 활동을 위주로 합니다. 저희 반 아이들은 운동, 독서, 공부 세 가지를 기본 항목으로 만들었습니다.

셀프 학습 체크리스트 예시

	월	화	수	목	금	반성
공부						
운동						
독서						
양치						
가방 정리						
숙제						
부모 확인						

초등 고학년 이상: 역산해서 계획 세우기

아이가 초등 고학년 이상이라면 역산해서 목표를 세우는 방식이 좋습니다. 최종 목표에 도달하기 위해 필요한 시간을 거꾸로 계산해서 세부 목표들을 세우는 방식입니다. '이번 달에는 무엇을 하고, 이번 주에는 무엇을 해야 하는구나' 정도로 크게 계획을 세워보게 합니다. 이것은 큰 목표를 도달하기 위해 작은 목표로 쪼개는 과정을 연습해 보는 것만으로도 의미가 있습니다.

역산해서 계획 세우기

역산해서 계획을 세우는 방법은 다음과 같은 순서로 하면 됩니다. '최종 목표 세우기 → 중간 목표 세우기 → 세부 목표로 나누기 → 월별로 나누기 → 주별로 나누기 → 요일별로 나누기'를 차례로 하는 방법을 알려주세요.

- 최종 목표 정하기: 10월에 한국사능력시험 3급 자격증 따기
- 중간 목표 정하기: 고대-중세-근대-현대 나누어서 공부하기
- 세부 목표 정하기: 두 달에 한 파트씩 나눠서 공부하기
  한 달 공부하고, 한 달 복습하기(2월~3월)
- 월별 목표 정하기: 교재 N등분해서 읽기
- 이번 주 목표 정하기: 교재 30쪽까지 읽기

유치원 또는 저학년: 두 달 달력 활용하기

유치원이나 저학년은 '두 달 달력'을 함께 활용하면 좋습니다. 계획을 실천한 날에는 두 달 달력에 스티커를 붙이는 겁니다. 별것 아닌 것처럼 보이겠지만, 앞에서 공신 강성태가 공부가 잘 안 되는 중학생의 멘토로 등장하여 사용한 습관달력도 이 두 달 달력이었습니다.

 두 달 달력 사용하기

양치 세 번 한 날에는 스티커를 붙여요.

월	화	수	목	금	토	일
★	★	★	★	★	6	7
8	9	10	11	12	13	14
15	16	17	18	19	20	21
22	23	24	25	26	27	28
29	30	31				

월	화	수	목	금	토	일
			1	2	3	4
5	6	7	8	9	10	11
12	13	14	15	16	17	18
19	20	21	22	23	24	25
26	27	28	29	30		

무엇이든 한번 시작하면 끝까지 하는 게 가장 좋지만 분량이 너무 과하거나 적다면 과감하게 조절합니다. 따라서 한번 도전한 일은 습관으로 만들어질 수 있도록 적어도 두 달은 꾸준히 할 수 있게 지도해 주세요. 처음부터

거창한 성과를 보려 하지 말고 작고 사소한 것부터 시작해서 꾸준히 성취감을 맛보게 해주세요.

가정에서 지도하실 때는 부모가 함께 하는 게 좋습니다. 저도 집에서 아이들을 지도할 때 똑같이 셀프 학습 체크리스트를 썼습니다. 부모가 같이 하니까 아이들이 불평하지 않고 잘 따라 하더군요. 몇 달 지난 뒤엔 습관이 돼버려서 나중엔 제가 함께 셀프 학습 체크리스트를 쓸 필요가 없어졌습니다.

성적은 어느 날 갑자기 오르는 게 아닙니다. 계단을 오르듯이 끈기 있게 일정 기간을 버텨내야 눈에 보이는 성과로 나타납니다. 하다 말다 하지 말고 그저 꾸준하게 한 걸음, 한 걸음 아이와 함께 걸어가세요.

시험기간에 틱이 오는 이유

"선생님, 우리 영재(초6)가 또 틱이 왔지요? 시험기간만 되면 유난히 스트레스를 많이 받네요. 걱정입니다."

공부를 잘하는 영재는 시험 스트레스가 컸습니다. 시험기간이 되면 틱 증상(tic disorder)이 나타났다가 시험이 끝나면 언제 그랬냐 싶게 좋아졌습니다. 이런 경우, 스트레스가 줄면 증상도 같이 사라집니다.

시험 때 틱 증상이 갑자기 나타나는 것은 당연히 시험이 가장 큰 원인입니다. 학습 효과로 볼 때 시험(테스트)은 지극히 좋은 방법이지만 아이에게 스트레스의 원인이 된다면 시험 방식이나 공부 정서를 진지하게 고민해 보는 게 좋습니다.

아이의 시험 스트레스를 줄이는 방법

다음은 시험 스트레스를 극복하는 구체적 방법 3가지를 정리한 것입니다. 아이가 시험을 학습의 연장이나 또 다른 경험으로 여기게 되면 스트레스를 조금은 줄일 수 있습니다.

시험 스트레스 극복하는 법

1. 함께 시험 보기

① 짝수와 홀수로 문제를 나누어서 풉니다.

② 부모가 홀수 문제를 풀고, 아이가 짝수 문제를 풉니다.

③ 함께 채점을 합니다.

④ 문제를 어떻게 풀었는지 서로 설명해 줍니다.

⑤ 느낀 점을 이야기합니다.

- 엄마: 엄마도 문제 풀어보니까 생각보다 어렵네. 우리 수아가 문제 풀 때마다 힘들었던 게 이해가 된다. 수아야, 그동안 애썼어.

- 수아: 엄마랑 같이 문제를 푸니까 재미있었어.

2. 오픈 테스트

① 문제지를 풉니다.

② 다 풀기 전에 책을 펴고 문제를 해결할 시간을 다시 줍니다.

③ 책을 봐야 했던 부분만 공책에 다시 정리합니다.

④ 느낀 점을 이야기합니다.

- 엄마: 수아야, 그 부분은 왜 다시 본 거야? 혹시 어려웠니? 엄마가 도와줘
  야 하는 부분이 있으면 말해줘.
- 수아: 이건 내가 헷갈렸던 거라서 다시 책을 봤어. 이 부분은 엄마가 도와
  주지 않아도 괜찮아.

3. 한 문제만 천천히 풀기

① 평소에 풀어본 적 없는 어려운 서술형 문제를 두 개 정도 냅니다.

② 한 문제만 골라서 풀되 시간을 30분 이상 충분히 줍니다.

③ 풀이 과정과 답을 확인합니다.

④ 답지를 보면서 답을 구한 과정을 설명해 보게 합니다.

⑤ 답지 없이 혼자 풀어봅니다. 막히는 부분이 없을 때까지 반복해서 풉니다.

⑥ 며칠이 지난 다음 나머지 문제를 풀어보게 합니다. 앞에서 유형을 익혔기
   때문에 다시 풀 때는 한결 쉽습니다.

⑦ 느낀 점을 이야기합니다.

- 엄마: 수아야, 이 문제 많이 어려웠어?
- 수아: 응, 이건 내가 풀 수 있는 수준이 아닌 것 같아.
- 엄마: 괜찮아. 이건 어려운 문제라서 시간을 일부러 많이 들여서 풀어보
  게 한 거야. 이런 어려운 문제에 도전한 것만으로도 수아는 한 단계
  나아간 거야. 엄마가 어떤 부분을 도와줄까?

저는 운동장에 나가서 문제를 맞히면 한 발 뛰고, 못 맞히면 뒤로 한 발 뛰는 '한 발 뛰기 단원평가'를 하기도 했습니다. 나중에는 학생들이 시험 언제 보냐고 조를 정도였습니다. 시험이라고 하면 어른도 아이도 시험지를 제한 시간 내에 푸는 것이라고만 생각합니다. 하지만 이렇게 과정과 피드백에 초점을 맞추면 스트레스는 줄이면서도 시험에서 얻는 효과는 높일 수 있습니다.

성효샘의
공부 멘토링

초등학생도 공부 스트레스를 받는다

우리나라 학생들은 세계에서 손꼽을 정도로 공부를 잘하지만 삶의 만족도는 형편없이 낮습니다. 2017년 통계청에서 발표한 '사망원인통계' 자료에 따르면, 청소년 사망 원인 1위가 자살입니다. 같은 해 OECD 주요국 '학생 삶 만족도' 조사에서 한국은 71위를 했습니다. 참고로 국제학업성취도평가(PISA)에서 우리와 선두를 다투는 핀란드는 같은 조사에서 2위를 했습니다.[26]

2017년 스마트학생복에서 SNS를 통해 초·중·고등학생 8,748명을 대상으로 스트레스에 대한 설문조사를 시행했는데, 이 조사에서 학생들이 꼽는 스트레스의 주된 원인은 학업(50.48퍼센트)이었습니다. 초등학생도 공부 때문에 고민하고, 시험 때문에 스트레스 받습니다. 이 부분을 어떻게든 도와주어야 공부도 잘합니다.[27]

감사를 습관화하는 법

스트레스를 해소하는 방법으로 많은 이가 꼽는 것이 바로 감사하는 태도입니다. 감사하는 태도는 당연한 것 아니냐고 생각할지 모르겠지만, 감사도 따로 지도하고 연습해야 하는 덕목입니다. 감사하다는 말도 좋지만, 글로 직접 쓰면 효과는 배가 됩니다. 교실에서 감사를 가르치기 위해 다양한 방법을 시도해 봤는데, 그중 가장 효과적인 방법이 '감사일기 쓰기'였습니다.

세계적인 방송인인 오프라 윈프리는 자서전에서 감사일기 쓰기를 성공 비결로 꼽았습니다. 오프라 윈프리의 자서전을 읽었을 때 2학년을 담임하고 있었는데, 그해 유난히 아이들이 자주 싸우고 산만해서 고민이 많았습니다. 책에서 읽은 것을 활용하여 교실에서 감사일기를 지도해 보기로 마음먹었습니다.

감사일기는 일기에 하루 동안 있었던 일 가운데 감사한 일을 세 가지 이상 쓰는 것입니다. 처음에는 아이들 모두 쓸 거리가 없다고 했습니다. 가족이 함께 레스토랑에 가거나 놀이동산에 가면 모를까, 그만큼 특별한 일이 아니면 감사할 일이라고 생각하지 않았습니다. 건강하게 학교 다니는 것도 감사고, 부모가 차려주는 밥을 먹는 것도 감사고, 뛰어놀 수 있는 것도 감사라고 다시 가르쳤습니다.

감사일기 쓰기의 놀라운 효과

결과는 놀라웠습니다. 감사일기를 쓰면서부터 아이들 눈빛이 차분해지고 싸움이 줄어들었습니다. 심지어 공부도 열심히 하고 수업 태도도 좋아졌습니다. 이 변화가 너무나 신기했습니다. 2014년 CBS 〈세상을 바꾸는 시간, 15분〉에 출연했을 때도 감사일기를 소개했습니다. 이 책에서까지 소개하는 이유는 효과가 그만큼 좋았기 때문입니다.

감사와 명상의 힘을 객관적인 데이터로 검증한 사례가 있습니다. EBS 〈다큐프라임〉 '공부 못하는 아이' 편 촬영팀은 이와 관련해서 2015년에 세종고등학교 학생들에게 실험을 했습니다. 학생들이 아침마다 5분 동안 짧은 명상을 하고, 다섯 가지 감사한 일을 찾아서 감사일기를 쓰게 한 겁니다. 학생들은 어떻게 달라졌을까요.

실험 결과 학생들은 자기조절력, 대인관계능력, 자기동기력 등 비인지능력 검사에서 종합점수가 모두 올랐습니다. 감사일기를 썼던 학생들은 모의고사 성적까지 좋아졌습니다. 그것도 상위그룹에서 상승폭이 가장 컸습니다. 공부를 잘하는 학생이 스트레스를 조절하게 되면 공부를 더 잘하게 된다는 뜻입니다.

한 가지 기억할 것이 있습니다. 감사는 어쩌다 한 번 하는 것으로는 효과를 보기 어렵다는 점입니다. 감사를 습관처럼 몸에 익히도록 해주세요.

1. 아이가 일상적으로 하는 일 가운데 공부 습관이라고 볼 수 있는 것에는 어떤 것이 있을까요?

2. 아이가 공부를 하는 데 가장 크게 방해가 되는 일이 있나요? 아이와 함께 이야기 나누고, 목록을 써보세요.

3. 공부를 방해하는 일들을 어떻게 줄여갈 수 있을까요?

4. 새롭게 만들어주고 싶은 공부 습관은 무엇인가요? 아이가 평소 하는 행동 가운데 지우고 싶은 공부 습관은 무엇인가요?

호기심을
높여라

아인슈타인은 신성한 호기심을 잃지 말라고 조언했습니다.

호기심은 인간이 지닌 본성이자 공부를 하게 만드는 원동력입니다.

왜 그럴까 궁금해서 하는 공부는

아무리 오랜 시간 해도 지겹지 않습니다.

1

창의성을 죽이는 어른의 말

중학교 1학년 때 일입니다. 영어 선생님이 영어로 시간표를 만드는 숙제를 내주셨습니다. 사절지에 매직으로 표를 그린 다음 수학은 Math, 영어는 English……. 이런 식으로 칸을 채웠습니다. 숙제는 금방 끝났습니다. 그런데 숙제를 돌돌 말아서 가방에 넣으려다 문득 이런 생각이 들었습니다.

'다른 애들도 다 이렇게 했을 거야. 다르게 할 수는 없을까?'

한참 궁리했습니다. 고민 끝에 가운데에 핀을 박아 넣어서 회전할 수 있는 3단 원형 시간표를 만들었습니다. 가장 큰 원에는 과목을, 가운데 원에는 차시를, 가장 작은 원에는 요일을 써넣었습니다. 회전시키면 그때마다 서로 다른 조합이 가능해지기 때문에 어떤 교실에서도 사용 가능한 만능 시간표를 만든 것입니다. 다 만들고 어찌나 뿌듯하고 기분 좋았는지 모릅니다. 학교에

가면 선생님에게 칭찬받을 거라고 잔뜩 기대하면서 잠이 들었습니다.

이튿날 영어 시간이 됐습니다. 선생님은 저에게 가장 먼저 발표할 기회를 주셨습니다. 선생님은 제가 꺼내 든 시간표를 보고는 이마를 찌푸리며 화를 내셨습니다.

"그게 뭐야? 숙제 해오라고 했더니 이상한 걸 만들어왔어?"

뜻밖의 말에 너무 당황한 나머지 얼굴이 새빨개졌습니다. 더듬거리면서 이렇게 회전하고 저렇게 회전하면 그때마다 조합이 달라지는 회전시간표라고 대답했습니다. 선생님은 그제야 "아" 하는 소리와 함께 저를 빤히 쳐다보셨습니다. 지금도 그 순간이 생생하게 기억납니다. 쉰 명 가까운 친구들이 보는 데서 느낀 그 당혹스러움이란, 꽤 오래 마음에 상처로 남았습니다.

창의성을 키우는 어른의 말

다음 해, 가정 선생님이 숙제를 내셨습니다. 얼굴형에 어울리는 네크라인을 그리는 숙제였습니다. 이번에도 교과서에 있는 그림을 그대로 베끼면 되는 간단한 숙제였습니다. 그런데 숙제를 다 했을 때 전과 같은 생각이 또 들었습니다.

'이렇게 하면 똑같은 숙제 중 하나가 되지 않을까? 다르게 해보면 어떨까?'

한참을 궁리하다가 두꺼운 종이로 검은 마네킹을 만들었습니다. 마네킹 관절마다 핀을 박아서 사람처럼 움직일 수 있게 한 다음 얼굴형에 어울리는 옷을 하나하나 만들어 입혔습니다. 밤을 꼬박 새울 만큼 시간이 오래 걸렸습니다. 숙제하는 동안은 재미있었지만 다 하고 나니 왠지 걱정됐습니다. '괜히 다르게 했나?' 하고요.

다음 날 선생님이 교실을 돌면서 아이들 공책에 도장을 찍어주셨습니다. 제 차례가 됐을 때 선생님이 걸음을 멈추더니 공책을 들어올리고는 제 얼굴과 공책을 번갈아 가며 보았습니다.

"성효야, 이거 네가 한 거니?"

순간 회전시간표 사건이 떠오르면서 기가 확 죽었습니다. "네"라고 조그맣게 대답했는데, 이번에는 선생님이 이렇게 말씀하셨습니다.

"넌 정말 창의적이구나. 나중에 디자이너 해도 되겠어. 이렇게 그려온 아이는 교직 생활 20년 만에 네가 처음이야."

창의적이라는 말이 그렇게 기분 좋은 건지 그때 처음 알았습니다. '달라도 되는구나.' 속으로 몇 번이고 '야호!' 소리를 질렀습니다. 이 일은 훗날 교사가 되었을 때 제게 큰 도움이 됐습니다. 아이들이 엉뚱한 짓을 하고 희한한 질문을 해도 이해할 수 있었으니까요.

아이들은 저마다 생각도 다르고 꿈도 다릅니다. 창의성은 그 다름을 인정하는 데서 자랍니다. 우리는 아이의 창의성을 꺾을 수도 있고, 키울 수도 있습니다. 아이디어를 마음 편히 쏟아낼 수 있어야 그걸 다듬고 정교하게 만들어서 유용하고 유익한 산출물로 만들어낼 수도 있다는 점을 잊지 마세요.

창의력은 엉뚱한 질문에서 자란다

"투명 인간이 되고 싶어, 아니면 하늘을 날고 싶어?"

아이가 이렇게 묻는다면 여러분은 어떤 대답을 하실 건가요?

"100년 동안 계속 살 거야, 아니면 10년씩 10번을 살 거야?"

이렇게 묻는다면요? 그런 쓸데없는 소리 말고 공부나 하라고 대답하실 건가요?

이 질문은 대한민국에서 손꼽히는 명문 고등학교에서 출제했던 영어 면접 문제입니다. 왜 명문고에서 이런 엉뚱한 문제를 면접 문제로 냈을까요. 정형화된 답이 없는 문제에선 창의적인 문제해결력을 얼마나 갖고 있는가가 곧바로 드러나기 때문입니다. 평소에 생각하고 궁리할 여유가 없다면 이런 질문에 대답하기 어렵겠죠.

창의력을 샘솟게 하는 엉뚱한 질문들

1. 학교가 사라진다면 어떤 일이 벌어질까?
2. 세상에서 물건을 딱 하나만 살 수 있다면 무엇을 사고 싶은가?
3. AI는 무엇이고, 인간에게 어떤 이로움을 주는가? 나는 어떤 AI를 만들어보고 싶은가?
4. 냉동인간을 살려내는 기술이 필요할까?
5. 지구의 얼음이 다 녹으면 어떤 일이 벌어질까?
6. 투명 인간이 되어서 학교 수업을 받는다면 무슨 일이 생길까?

아이들과 이런 질문을 주거니 받거니 하다 보면 재미있는 이야기가 쏟아져 나올 겁니다. 이런 재미있는 주제가 공부와 연결된다면 다양한 분야로 확장되어 공부할 수 있습니다.

앞으로는 아주 세부적인 분야에서 특정 기술을 갖춘 전문가든가, 다양한 분야를 폭넓게 융합하는 통섭적 인재든가, 그도 아니면 새로운 분야를 개척해내는 크리에이터를 요구할 겁니다.

이런 새로운 세상에 우리는 어떻게 대비해야 할까요. 이 장에서는 아이들의 호기심을 기르고 파생적인 공부로 확장시켜 주는 다양한 방법들을 알아보겠습니다.

2

발표하기 싫어하는
아이들

수줍음이 많아 발표를 싫어하는 아이

학교에서 공개수업을 하던 날이었습니다. 같은 시간 큰딸 성연(고2)이도 1학년 교실에서 공개수업을 했습니다. 저 대신 수업을 참관한 저희 어머니는 수업이 끝나고 이런 후기를 들려주었습니다.

"다른 애들은 저요, 저요, 목이 터져라 외치는데 성연이만 발표 한번 안 하더라."

성연이는 어릴 때 수줍음이 많고 낯을 가려서 남 앞에 나서는 걸 무척 싫어했습니다. 그날도 사람들이 자신을 쳐다보는 게 싫어서 발표를 안 했다고 하더군요. 성연이를 키우면서 꽤 진지하게 이 문제를 생각하게 됐습니다. 하기 싫어하는 아이를 억지로라도 발표하게 해야 할까, 내버려두어야 할까 하는 문제 말입니다.

214

아이들이 발표하지 않는 이유

한국교직원공제회에서 서울에 있는 한 초등학교 6학년 학생 22명을 대상으로 조사했습니다.[28] 설문은 발표하지 않는 이유를 두 가지로 물었습니다. 첫 번째는 '발표할 수 있지만 하지 않는 경우', 두 번째는 '선생님이 틀려도 된다고 했는데도 망설인 경우'입니다.

아이들이 발표하지 않는 이유 설문 조사

1. 발표할 수 있지만 하지 않은 경우, 이유는 무엇인가요?

발표가 부끄럽고 긴장돼서, 목소리가 이상하게 나올까 봐	10명
다른 친구가 대답하거나 여럿이 대답하길 원하기 때문에	8명
답을 알고 있지만 틀릴 것 같은 불안감 때문에	3명
발표를 해본 경험이 적어서 망설여지기 때문에	1명

2. 선생님께서 틀려도 된다고 했는데도 망설인 경우, 이유는 무엇인가요?

답을 틀리면 부끄럽고 창피해서	13명
갑자기 질문을 받으면 발표를 준비할 시간이 부족해서	5명
다른 친구가 먼저 하는 것을 보고 참고하고 싶어서	3명
나보다 더 잘하는 학생이 있어서 부담되기 때문에	1명

발표할 수 있지만 하지 않는 경우, 부끄럽고 긴장되어서 그렇다는 응답이 가장 많았습니다. 선생님이 틀려도 된다고 말했지만 망설이는 경우에는 답을 틀리는 게 부끄럽고 창피하다는 응답이 가장 많았고요. 두 응답에 부끄럽다는 표현이 모두 들어있다는 것을 눈여겨봐야 합니다.

아이들이 눈치 보는 것을 나무랄 수 없는 것이, 한국 사회에선 눈치를 보는 것이 보편적 정서이고 문화이기 때문입니다. 2019년 11월, 《뉴욕 타임스》에는 〈한국인들이 행복과 성공에 이르는 비밀(The Korean Secret to Happiness and Success)〉이라는 글이 실렸습니다. 이 글을 쓴 저널리스트 유니홍은 그 비밀을 이렇게 말했습니다.

"눈치(Nunchi)가 (한국인들에게) 집단주의와 내향성, 그리고 무엇보다 조용히 입을 다물고 있는 상태를 유지하도록 요구하고 있다."

KBS는 같은 해 12월 뉴스에서 유니홍의 글을 소개하면서, 미국의 문화심리학자 미셸 겔팬드(Michele Gelfand) 교수의 연구도 같이 소개했습니다.[29] 겔팬드 교수는 사회적 규범이 엄격하게 준수될수록 '빡빡한 사회(tight culture)', 자유로울수록 '느슨한 사회(loose culture)'라고 표현합니다.

한국은 어떤 사회일까요?

총 33개국 대상 조사	총 65개국 대상 조사
1위 파키스탄	1위 모로코
2위 말레이시아	2위 인도네시아
3위 인도	3위 이집트
4위 싱가포르	4위 요르단
5위 한국	5위 방글라데시
6위 노르웨이	6위 터키

7위 터키	7위 나이지리아
8위 일본	8위 알제리
9위 중국	**9위 한국**
10위 포르투갈	10위 사우디아라비아
⋮	⋮
23위 미국	24위 일본
⋮	
31위 헝가리	37위 미국

빡빡한 나라 세계 1위인 파키스탄은 이슬람 국가입니다. 무슬림 비율이 96퍼센트죠. 무슬림은 평생 정해진 음식을 먹고 정해진 시간에 기도해야 합니다. 규율이 매우 엄격할 수밖에 없죠.

한국은 33개국을 대상으로 조사했을 때는 5위이고, 65개국을 대상으로 조사했을 때는 9위입니다. 한국 사회가 개인에게 요구하는 사회적 통념과 압력이 엄청나게 강하다는 뜻입니다. 우리 아이들이 자라면서 받는 문화적, 사회적 규범의 압박이 얼마나 클지 짐작하고도 남지요.

질문이 없는 한국 사회는 이런 전통과 문화, 가치관이 한데 얽혀 만든 것입니다. 한국의 아이들은 자라면서 '눈치'를 문화적으로나 사회적으로 학습합니다. 친구 눈치, 선생님 눈치, 나 자신의 눈치까지 보느라 공부에 꼭 필요한 실패조차 용납하기 어렵습니다. 심지어 초등 고학년 교실에서는 손들고 질문하는 아이가 이상한 아이 취급을 받는 경우도 있습니다.

실수를 허용하는 너그러운 태도의 필요성

이런 까닭에 우리 사회에선 배움에도 더 큰 용기가 필요합니다. 잘못을 허용하고 실패를 인정하는 너그러운 태도를 사회 구성원이 다 함께 배울 필요가 있습니다. 부모가 먼저 '실수할 수 있고 틀릴 수 있어, 괜찮아' 하면서 다독여줄 수 있어야 아이들이 더 잘 배우고 더 열심히 공부할 수 있습니다.

덧붙이자면 성연이는 3학년 초에 도시 학교를 떠나 시골 학교로 전학했습니다. 성연이에게는 친구들이 바뀌지 않는 시골 학교가 더 잘 맞았습니다. 중학교 때도 공개수업이 있었는데 그때 가보고는 깜짝 놀랐습니다. 즐겁고 행복하게 수업에 참여하는 성연이를 보았기 때문입니다. 무엇보다 아이를 잘 가르쳐주신 선생님들께 마음 깊이 감사한 마음이 들었습니다. 고등학생이 된 지금도 즐겁고 행복하게 학교생활을 하고 있습니다. 전처럼 수줍어하거나 부끄러워하는 일도 없고요.

3

질문 많이 하면
좋은 거 아닌가요?

좋은 질문 vs. 아무 말 대잔치

2016년 EBS 〈LIVE TALK 부모〉에 출연했을 때의 일입니다. 실시간으로 시청자 질문이 올라왔습니다. 그 가운데 이런 질문이 눈에 띄었습니다.

"질문은 다 좋은 거 아닌가요? 평소에 질문 많이 하라고 하는데요."

정말로 모든 질문이 다 좋은 걸까요.

초등학교에서 근무할 때 공립학교 선생님들을 대상으로 2학년 아이들과 공개수업을 한 적이 있습니다. 키우고 싶은 동물을 주제로 한창 수업하는데 한 아이가 엉뚱한 걸 물었습니다.

"선생님, 바퀴벌레는 동물인가요, 식물인가요?"

이때만 해도 저도 질문은 무조건 좋다고 생각했습니다. 수업과 상관없는 질문이었지만 웃으면서 답을 했습니다. 그러자 다른 아이가 손을 번쩍 들었습니다.

"지렁이는 동물인가요, 식물인가요?"

역시 친절하게 대답했습니다. 그랬더니 이번엔 또 다른 아이가 손을 들었습니다.

"그럼 무당벌레는요?"

"선생님, 돌멩이는 동물이에요, 식물이에요?"

이날 이런 질문에 대답하느라 수업 시간 40분을 훌쩍 넘겨 67분이나 수업하고 말았습니다. 수업을 참관하던 다른 학교 선생님들이 중간에 자리를 뜨는 걸 보자 가슴이 쿵 하고 내려앉더군요.

그 와중에 불현듯 어렸을 때 선생님들께 질문하던 제 모습이 떠올랐습니다. 저는 어렸을 때 질문이 매우 많았습니다. 정확히 말하자면 생각나는 대로 아무 질문이나 던지다 보니 수업 시간이 훌쩍 지나 있곤 했습니다. 그 시절에 그게 어찌나 재미있던지요. 그래서 선생님께 쓸데없는 질문만 한다고 야단을 맞은 적도 꽤 많습니다.

제가 어린 시절 했던 이런 질문들이 과연 좋은 질문이었을까요. 당연히 아닙니다. 그때 제가 했던 질문들은 공개수업 때 저희 반 학생들이 했던 질문들과 본질이 같습니다. 한마디로 '아무 말 대잔치'였죠. 이런 아무 말마저 질문으로 받아준다면 어떤 선생님도 제대로 수업할 수 없습니다. 이건 문제의 공개수업 이후에 누구보다 제가 교사로서 뼈저리게 느낀 부분이기도 합니다.

좋은 질문을 하는 방법

문제는 질문의 양이 질문의 질을 결정한다는 것입니다. 자꾸 질문해 봐야 어떤 것이 좋은 질문인지 아이 스스로 깨칠 수 있기에 일단은 질문을 많이 해보는 게 좋습니다.

그런데 질문하는 게 좋다고만 해버리면 아이는 저나 저희 반 학생들처럼 아무 말이나 생각나는 대로 다 이야기해 버립니다. 엄마 말을 중간에 자르면서 질문하거나 선생님 설명을 끝까지 듣지도 않고 질문하는 식이 돼버리죠.

이렇게 되지 않으려면 어떻게 해야 할까요. 무엇보다 아이 스스로 좋은 질문을 가려내는 필터를 갖추는 것이 중요합니다. 다음은 질문 필터가 되어줄 몇 가지 항목입니다.

질문 필터 만들기

1. 지금 내가 하려는 질문을 친구들도 궁금해 할까?

　　○ 나만 혼자 궁금할 것 같은 질문이면 어떻게 하지?

　　○ 공책에 메모하기

　　○ 수업 끝나고 물어보기

2. 지금 내가 하려는 질문이 수업(대화) 주제와 관련이 있나?

　　○ 수업(대화)과 관련이 없는 것 같은데 어떻게 하지?

　　○ 공책에 메모하기

○ 수업 끝나고 물어보기

3. 주변이 소란스럽거나 산만하진 않은가?

○ 주변이 시끄러워서 선생님(부모)이 내 이야기에 집중하기 어렵네?

○ 공책에 메모하기

○ 쉬는 시간에 물어보기

○ 선생님(부모)이 나한테 온전히 집중할 때까지 기다리기

○ 선생님(부모)이 나한테 집중하게 되면 그때 물어보기

4. 혼자서도 해결할 수 있는 질문인가?

○ 단어(비슷한 말, 반대말, 한자어 등)의 뜻은 인터넷으로 검색하면 되네?

○ 컴퓨터(인터넷)을 이용해도 되는지 묻기

○ 사전을 찾아보기

○ 짧은 글로 문장 지어보기

○ 선생님(부모)에게 문장을 보여주고 혼자 해결한 부분 말하기

이런 몇 가지 필터만 갖춰도 아무 말이나 생각나는 대로 던지지 않게 됩니다. 수업 시간에 좋은 질문을 하면 친구들도 함께 더 깊이 생각하고 궁리할 기회가 됩니다. 교사와 학생 모두 좋은 질문 덕분에 생각이 확장되고 배움이 깊어지는 계기를 얻게 되죠.

교사는 질문하는 학생들을 대체로 좋아합니다. 좋은 질문은 '내가 당신의 말을 잘 듣고 있어요'라는 메시지를 상대에게 보여주는 가장 격식 있는 표현이기 때문입니다. 그러니 아이가 던지는 질문 앞에서는 "글쎄, 잘 모르겠는

데 그런 게 왜 궁금해?" 하는 것보다 "답을 함께 찾아볼까?" 하고 적극적으로 답해 주는 것이 좋습니다.

아이가 궁금해 하는 것은 함께 답을 찾아보세요. 부모와 아이가 함께 답을 찾는 과정은 지식을 확장하고 생각을 키우는 데 크게 도움이 됩니다.

4 과학 잘하는 아이로 키우는 비밀은 생각보다 단순하다

과학을 좋아하는 아이의 공부 방법

2015년, 디지털 가정학습 프로그램인 '아이스크림 홈런'에서 초등학생 2만 2,088명을 대상으로 조사한 결과 3~6학년 학생 1만 9,487명 중 48퍼센트가 과학을 가장 좋아하는 과목으로 꼽았습니다. 남학생은 55퍼센트, 여학생 45퍼센트가 과학을 좋아한다고 대답했습니다.[30]

"저는 과학이 제일 좋아요."

태형(초5)이 말도 또래 아이들이 흔히 하는 말로 생각했습니다.

"그래서 꿈도 과학자야?"

"네, 저는 과학이 재미있어요."

실험실 책상을 닦으면서 태형이가 씩 웃었습니다. 실험실 청소를 자원할 정도로 태형이는 과학 수업을 좋아했습니다. 매일 두꺼운 책을 끼고 과학자들 이야기를 읽고 또 읽는 태형이는 학교에서 알아주는 과학 영재였습니다.

태형이의 과학 공부 방법은 크게 네 가지였습니다.

첫째, 사소한 일도 그냥 지나치지 않는다. 둘째, 궁금한 것은 반드시 해결하고 넘어간다. 이때 책, 인터넷, 학원이나 학교 선생님, 부모님 등 주변 자원을 최대한 활용한다. 셋째, 알아낸 것은 내 식으로 실험일지를 쓰거나 블로그에 정리한다. 물론 여기에는 부모님의 절대적인 지지와 응원이 있었고요.

과학 공부를 어떻게 했는지 물었을 때 태형이 엄마는 이렇게 대답했습니다.

"어렸을 때 질문이 많았어요. 제가 바로 대답해 주기 어려운 건 인터넷이나 책을 찾아가면서 같이 공부했어요. 그랬더니 나중에는 궁금한 것이 생기면 어떻게든 혼자서라도 답을 찾아내더라고요. 지금도 학교에서 실험한 건집에서 다시 실험하고 실험일지까지 써요. 저는 실험일지를 읽어주고 '이 부분은 좀 더 보완해서 다시 실험해 보면 좋겠다' '이 부분은 실험과정이 자세하게 안 나온 것 같다' 이런 식으로 이야기해 줘요."

한국계 미국인인 데니스 홍이란 로봇공학자가 있습니다. TED에서 강연하기도 하고, 《파퓰러 사이언스(Popular Science)》 선정 '과학을 뒤흔드는 젊은 천재 10인'에 선정되기도 했습니다. 데니스 홍은 시각장애인을 위한 운전 보조시스템, 휴머노이드 축구 로봇 등을 개발했습니다.

데니스 홍은 어릴 때 집안 물건을 모두 분해하고 형제들과 로켓을 쏘아올려 집에 불을 낸 적이 있습니다. 그런데도 그의 부모님은 그가 더 안전하게 실험할 수 있도록 해줬다고 합니다.

"내가 노벨상을 탈 수 있었던 것은 어린 시절의 흥미와 호기심, 좋은 스승, 실패의 경험과 운 때문입니다."

1993년 노벨 생리·의학상 수상자 리처드 로버츠 교수가 2017년 고려대학교에서 강연할 때 했던 말입니다. 그는 어릴 때 퍼즐놀이에 푹 빠지면서 과학에 흥미를 갖게 됐고, 집에서도 온갖 실험을 했다고 합니다. 그의 아버지는 가난했지만, 과학을 좋아하는 아들을 위해 집에 실험실까지 만들어줬지요. 로버츠 교수는 "실패는 최고의 선생"이라고 말합니다.[31]

실패를 최고의 선생이라고 여기는 로버츠 교수의 태도는, 앞에서 우리가 살펴본 성장형 사고입니다. 실패에서 배우고, 더 나은 방법을 찾아내기 위해 수정하고 보완하는 메타인지를 활용한 방식이기도 합니다.

과학 잘하는 아이로 키우는 두 가지 원칙

과학 잘하는 아이로 키우는 원칙은 생각보다 단순합니다.

첫째, 아이들의 호기심을 존중하고 인정해 주세요. '왜 그럴까?'라는 질문은 공부의 시작입니다. '왜'가 사라지면 공부에서 재미도 사라집니다. 기초 지식의 암기와 철저한 이해, 깊은 원리 탐구와 개념 이해야말로 과학 잘하는 아이로 키우는 비밀입니다. 철저한 개념 이해와 기초 지식이 바탕이 돼야 '왜'라는 근본적인 질문에 답을 할 수 있는 내공이 쌓입니다.

뉴턴 말고도 수천, 수만 명이 사과나무에서 떨어지는 사과를 보았습니다. 똑같은 사과였지만 뉴턴에겐 만유인력의 법칙을 발견하는 계기가 되었고, 다른 사람들에겐 나무에 달린 맛있고 먹음직스러운 과일일 뿐이었습니다. 뉴턴에게 '왜 사과가 나무에서 떨어질까?'라는 의문이 없었다면 만유인력의 법칙을 발견하는 일도 없었겠죠. 다소 엉뚱한 장난이더라도 학습으로 이어지도록 발전적인 방법을 찾아주세요.

둘째, '궁리'라는 말이 있습니다. 사물의 이치를 탐구하는 궁리야말로 과학의 핵심이고, 학문의 본질입니다. 호기심이 아무리 많아도 혼자서 답을 찾으려 궁리하지 않는다면 한 단계 높은 수준으로 도약하지 못합니다. 아이에게 만져보고 냄새 맡고 궁금해 하고 자연 원리와 현상을 이해하기 위해 궁리하는 시간을 주세요. 그래야 진짜 과학 잘하는 아이로 키울 수 있습니다.

과학관, 천문대, 식물원도 좋고 숲이나 연못, 풀밭도 좋습니다. 직접 자연을 만지고 보고 들으면서 자주 체험하게 해주세요. 과학관, 천문대에서 하는 체험 행사나 학교에서 하는 과학행사도 좋고 과학탐구대회에 도전해 보는 것도 좋습니다. 학생발명경진대회, 과학탐구대회, 과학전람회 등은 해마다 열리는 전국 규모 과학 관련 대회입니다. 미리 준비해 보세요.

과학 다큐멘터리, 자연현상을 다룬 영화나 과학 영상도 과학에 흥미를 갖게 하는 데 좋아요. 과학 칼럼이 실리는 과학 잡지도 꾸준히 읽으면 비문학 독해력을 키우는 데 큰 도움이 됩니다.

다양한 체험 행사가 열리는 과학 관련 사이트

- 국립어린이과학관 홈페이지: http://csc.go.kr
- 한국과학창의재단 홈페이지: http://kofac.re.kr
- 국립중앙과학관 홈페이지: https://www.science.go.kr
- 한국천문연구원 홈페이지: https://www.kasi.re.kr
- 국립생태원 홈페이지: https://www.nie.re.kr

과학은 먼 데 있는 학문이 아닙니다. 과학은 우리와 가장 가까이에 있고, 수많은 자연 현상의 원인과 결과를 밝히는 재미있고 흥미로운 학문입니다. 인류 역사에서 과학자들이 해온 일도 수많은 '왜 그럴까?'의 답을 찾아내는 것이었습니다. '달은 왜 차고 기울까?' '별은 왜 매일 위치가 달라질까?' '나무는 왜 잎이 푸를까?' 이 모든 질문과 답이 과학입니다.

1. 관찰하기

과학을 잘하기 위해 해야 할 첫 번째 일은 관찰하기입니다. 매일 관찰하고 매일 살펴봐야 무엇이 달라지고 왜 달라지는지도 알 수 있습니다. 개미나 양파, 집에서 키우는 금붕어도 좋습니다. 대상 하나를 정해놓고 꾸준히 보고 또 보는 훈련을 꾸준히 해야 관찰하는 눈도 길러집니다.

2. 탐구하기

탐구는 '왜 그럴까?' 생각하고 궁금해하는 것입니다. 질문의 답을 찾아가는 과정이죠. 관찰을 제대로 하지 않으면 탐구도 없고, 탐구가 없으면 배우는 것도 없습니다. 탐정놀이를 하듯이 주변에서 일어나는 모든 일에 '왜 그럴까?' 질문을 던지고, 그 답을 스스로 찾아보게 하세요. 이런 주제 하나하나가 과학탐구대회나 과학전람회의 연구 주제입니다.

- 빨래 건조기에서 건조한 빨래는 왜 쭈글쭈글할까?
- 형광등은 왜 하얀 빛이 날까?

- 나무의 꽃눈은 겨울엔 어디에 있는 걸까?
- 미는 문은 어디를 밀어야 힘이 가장 덜 들어갈까? 등

정리하기는 탐구해서 알게 된 것을 글을 쓰면서 되새기는 것입니다. 과학과 글쓰기는 거리가 먼 것처럼 보여도 모든 과학적 성과는 논문이나 보고서와 같은 글쓰기로 표현됐을 때 비로소 가치가 있습니다. '원인-탐구 과정-결과' 3단계만 충실히 밟아도 얼개를 갖춘 과학탐구보고서를 쓸 수 있습니다. 어렵게 생각하지 말고 평소에 관심 있는 주제로 가정에서 실험해 보고 이 과정을 글로 써보도록 가르치세요.

과학 탐구 보고서 예시

연구 주제	형광등은 왜 하얀 빛이 날까?
연구를 하게 된 까닭	집에 있는 형광등은 모두 하얀빛이 난다. 현관문에 달린 백열등 전구에서는 노란빛이 나는데, 형광등은 왜 하얀 빛이 나는지 궁금했다. 백열등과 형광등의 불빛이 색이 왜 다른지 궁금해서 연구를 하게 됐다.
연구 과정 (사진이나 그림으로 나타내 보세요)	형광등을 관찰해 봤다. 형광등에는 전압을 표시하는 와트가 있다. 양쪽 끝에는 소켓에 끼우도록 장치가 돼 있다.

연구하면서 알게 된 것 (새로 알게 된 것은 그림으로 설명해도 좋아요)	– 형광등은 길쭉한 관 양쪽 끝에 필라멘트 전극을 연결한다. 관 속에 아르곤 가스와 수은 증기를 집어넣는다. 전극 내부에는 형광 물질을 발라놓는다. – 전원을 넣으면 필라멘트에서 방전돼서 생긴 열전자가 관 속에 있는 수은 원자와 부딪쳐서 자외선이 생긴다. 자외선은 눈에 보이지 않으므로 내부에 형광물질을 발라놓는다. 이 형광물질에 자외선이 닿으면 가시광선으로 바뀐다. – 이렇게 형광물질을 이용해 빛을 내기 때문에 형광등이라고 부른다.
더 알고 싶은 것	형광등에서 형광 물질을 빼면 어떤 빛이 날까? 백열등처럼 똑같은 노란 빛이 날까?

5

창의성은
꼭 타고나는 것은 아니다

창의성은 없던 걸 만들어내는 능력일까

"선생님, 발명대회나 과학탐구대회 나가는 애들은 다 창의성을 타고났더라고요. 세진(초5)이는 창의성이 부족해서 역시 그런 대회는 어렵겠죠?"

세진이 엄마는 세진이가 그동안 교내 발명품 경진대회에서 한 번도 상을 못 탔다면서 한숨을 내쉬었습니다.

우리는 대부분 '창의성' 하면 세상에 없던 걸 만들어내는 능력이라고 생각합니다. 전문가들은 창의성을 어떻게 생각할까요.

한국창의성학회 박남규 회장은 '창의성'을 융합(결합, 통합, 변형)을 가능하게 만드는 메커니즘으로 표현합니다. 실제로 제품을 만드는 개발자들도 창의성을 없던 것을 새로 만드는 것처럼 생각하지 않습니다. 그들은 있던 것끼리 결합하거나 있던 것에서 필요한 부분만 강조하거나 추출하는 등 원래 있던 것을 변형시켜서 새로운 것을 만들어냅니다.

애플은 아이팟에 휴대폰을 결합해 아이폰을 만들어냈습니다. 전혀 다른 제품끼리 결합해서 만든 아이폰은 2019년 기준 10억 명이 사용하고 있습니다. 창의적인 사고를 하는 것이 생각보다 쉽지요?

평범한 아이의 창의력을 기르는 방법

2011년 세계창의력경연대회에서 심사를 총괄했던 부산교대 김판수 교수는 이렇게 말했습니다.[32]

"창의력을 키우기 위해선 주변 사물에 관심을 기울이고 다양한 경험을 해보는 것이 좋다. 자기가 좋아하는 것 이외에 다른 분야에도 관심을 가지며 연결 고리를 만들어가야 한다. 학교에서 배우는 교과서 내용의 답을 구하는 방법들을 다양하게 시도해 보는 것이 좋다."

어떤 아이든 적절하게 교육받고 노력하면 창의성을 기를 수 있습니다. 많은 경험을 하고, 다양한 것을 보고 듣고 만져보면 창의성이 길러지죠. 책만 읽어서도 안 되고, 문제만 풀어서도 안 됩니다. 자연으로 나가 걷고 뛰고 느껴봐야 아이디어 나오고, 창의성도 기를 수 있습니다.

처음부터 훌륭한 아이디어가 나오진 않습니다. 평소에 아이디어를 내는 훈련을 자주 하고, 아이디어를 유용한 결과물로 다듬는 정교화 과정에도 힘을 쏟아야 합니다.

세진이 엄마와 상담할 때는 제가 마침 과학에 한창 빠져 있을 때였습니다. 전국과학전람회와 전국학생발명품경진대회에서 여러 해 꾸준히 좋은 성적을 내고 있었는데, 과학이 너무 재밌어서 대학에서 국어교육을 전공했으면서 대학원은 과학교육으로 전공까지 바꿔서 갈 정도였죠.

"세진아, 너도 과학탐구대회 해보고 싶니?"

세진이가 고개를 끄덕였습니다.

"그럼 네가 꼭 연구해 보고 싶은 아이디어를 찾아봐. 매일 보던 것도 '왜 그럴까?' 생각하면 그게 다 연구 주제야. 선생님이랑 같이 연구해 보자."

세진이는 뜻밖에도 '호박벌이 비행 가능한 이유'를 주제로 찾아왔습니다. 주말에 할아버지 댁에 놀러 갔는데 벌을 치는 할아버지가 호박벌은 유독 날개가 작다고 이야기해 주시더랍니다. 세진이는 호박벌의 날개가 형편없이 작은데도 비행이 가능한 까닭이 무엇인지 연구해 보고 싶다고 했습니다. 세진이는 저와 같이 과학전람회에 출전했고 대회에서 상을 탔습니다. 주변의 것에 관심을 갖고 사랑하는 마음을 가져야 탐구도 할 수 있습니다.

가정에서 개최하는 과학탐구대회

아이와 함께 가정에서 작은 과학탐구대회를 열어보세요. 여러 주제를 다양한 방법으로 탐구해 보고 결과를 보고서로 써보게 하세요. 꾸준히 하다 보면 어느새 꼬마 과학자가 돼 있을 겁니다.

가정에서 해볼 만한 과학 탐구 주제는 다음과 같습니다.

- 물고기는 알을 낳는데, 왜 구피는 새끼를 낳을까?
- 닭이 먼저일까, 달걀이 먼저일까?

- 콩나물이 노란색인 이유는 무엇일까?

- 모터를 이용해서 만들 수 있는 물건에는 무엇이 있을까?

- 유정란과 무정란은 무슨 차이가 있을까?

- 냉동인간은 어떤 원리일까? 등

집에서 만드는
특별한 창의성 교구

세계 창의력 대회를 휩쓴 아이들의 비결

"선생님, 학교에서 쓰시는 교구 이름이 뭐죠? 이수(초2)가 집에 오자마자 수학 시간에 쓰는 거랑 똑같은 거 사달라고 난리예요."

같은 전화를 다섯 통도 넘게 받은 뒤였습니다. 교실에서 STEAM[33]을 주제로 한창 수업 연구를 할 때였습니다. 아이들이 집에 가서 사달라고 한다는 그것은 골드버그 장치를 만드는 창의성 교구였습니다. 저는 웃으면서 말씀드렸습니다.

"안 사셔도 돼요. 집에 있는 물건들로 만들 수 있어요."

국내외에서 창의력을 겨루는 가장 유명한 대회라면 아마도 '세계창의력올림피아드'일 겁니다. 세계창의력올림피아드는 나라별 대표로 뽑힌 학생들 약 3만 명이 참여해서 겨루는 창의력 경연 대회입니다. 우리나라는 전국창의력올림피아드를 열어서 챔피언 팀에게 세계대회 출전권을 줍니다.

세계 학생 3만 명이 참가하는 창의력올림피아드에서 2017년과 2018년 연달아 금상과 특별상을 수상한 학교가 있습니다. 경남 김해여고입니다.

어떻게 한 학교에서 이런 좋은 성적을 연달아 냈을까요? 세계 창의력 대회를 휩쓴 김해여고에서 눈에 띄는 것은 창의융합형 교육과정입니다. 김해여고는 융합과학창의력대회와 골드버그머신창작대회를 꾸준히 운영하고 있죠. 여기서 등장하는 것이 골드버그 장치입니다. 제가 수없이 문의를 받았던 바로 그 장치죠.

골드버그 장치(Rube Goldberg's Invention)는 20세기 미국 만화가 루브 골드버그가 최초의 자동 등긁기 기계를 고안한 것에서 시작했습니다. 골드버그 장치는 매우 단순한 과제를 복잡한 회로를 만들어 해결하는 장치입니다. 예를 들면, 여기서 굴린 작은 쇠공이 복잡하게 꼬인 장치를 따라 구불구불 굴러가서 컵을 툭 치게 만들어 물을 쫄쫄쫄 따르는 식입니다.

골드버그 장치는 창의성과 문제해결력을 판별하는 훌륭한 도구로도 활용됩니다. 같은 주제를 놓고도 다양하게 해결하는 창의적 문제해결능력을 볼 수 있어서 2007년 한국 최초로 우주인을 선발하는 과정에서 10명만 남았을 때는 골드버그 장치를 꾸미는 것을 과제로 제시하기도 했습니다. 요즘은 영재교육원이나 교육청 발명반에서도 골드버그 장치 수업을 하기도 합니다.

골드버그 장치를 활용한 창의성 기르기

골드버그 장치는 다양한 과목에서 활용할 수 있습니다. 저는 STEAM융합수업을 하기 위해 수업 시간에 골드버그 장치를 활용했는데요. 저학년에서 받아내림이 있는 덧셈과 뺄셈을 공부할 때 두 공이 떨어지는 시간 차를 정해진 값이 되도록 만들어보게 하거나, 고학년 과학 시간에 공이 움직이는 속도를 구해보기도 했고, 미술 시간에 놀이터를 꾸며보기도 했습니다.

교사인 저도 재미있었고 아이들도 무척 좋아했습니다. 같은 주제를 줘도 저마다 다른 산출물을 만들어냈고 문제를 해결한 방법도 다 달랐습니다. 친구들과 함께 어울려 문제를 탐구하고 해결해야 하기에 협동심과 팀워크가 길러진 것은 더 말할 것도 없고요. 아이들이 이 수업을 너무 좋아한 나머지 점심 굶고 공부하자고 조를 정도였습니다.

이 좋은 창의성 교구는 비싼 돈을 주고 살 필요도 없습니다. 집에 있는 물건으로도 얼마든지 골드버그 장치를 꾸밀 수 있어요. 투명테이프, 가위, 상자, 지우개, 필통, 인형, 택배 상자, 연필, 키보드 등 다양한 물건을 활용해서 골드버그 장치를 만들어보세요. 문제해결능력은 물론이고 창의성도 쑥쑥 길러집니다.

(준비물) 가위, 투명테이프, 사전, 동화책 여러 권, 플라스틱 컵, 비닐봉지 3장, 은박지, 칫솔, 치약 뚜껑, 냄비 뚜껑 등

(주제) 주어진 시간 내에 1m 떨어진 곳에 있는 치약 뚜껑 쓰러뜨리기

(만드는 법) 주제에 맞는 방식을 스스로 찾는 대회이므로 정해진 정답이 없다. (참고로 골드버그 대회에서는 '골드버그 장치를 꾸며 알람 시계 울리기', 'CD 넣어서 음악 틀기' 같은 주제를 주고 팀별로 어떻게 해결하는지를 본다.)

(주의할 점) 주어진 준비물 중 5가지만 이용한다.

6

창의성을
어떻게 기를 수 있을까요?

창의성의 세 가지 코드

"당신은 창의적인가요?"

대부분 아니라고 대답할 겁니다. 창의적이라고 하면 왠지 튀는 차림을 하고 있을 것 같고, 실험실에서 엉뚱한 실험을 하다가 뛰쳐나온 과학자가 연상되기 때문입니다. 하지만 앞에서 살펴본 것처럼 살짝만 바꿔서 생각해도 전에 없던 독창적이고 새로운 것들이 만들어집니다.

자동차 회사 볼보는 2012년에 에어백을 보닛에 설치했습니다. 사고가 났을 때 보행자가 덜 다치도록 하기 위해 에어백의 위치를 바꾼 겁니다. 그전까지만 해도 에어백은 차량의 내부에 있는 것이었습니다. 볼보는 안에 있던 에어백을 바깥에 설치했을 뿐이지만, 이 간단한 아이디어 덕분에 안전한 자동차라는 이미지를 굳힐 수 있었습니다.

〈세상을 바꾸는 시간, 15분〉에서 신정호 박사는 창의성의 세 가지 코드를 이렇게 말합니다. 스스로 자신이 창의적이라고 믿는 창조적 자신감, 그럼에도 불구하고 한 번 더 아이디어를 찾으려 애쓰는 태도, 그리고 분추똑대포반차.[34)]

창의성은 노력해서 기를 수 있는 능력입니다. 평소에 자신을 창조적인 사람이라고 믿는 자세에서도 창의성이 나오고 도저히 해결이 안 될 것 같은 것조차 해결 방법을 찾으려 노력하는 태도에서도 창의성이 나옵니다. 또 평소에 다르게 생각해 보는 사고의 훈련에서도 창의성이 길러집니다. 볼보의 외부 에어백처럼 말입니다.

그럼, 마지막 분추똑대포반차는 뭘까요. 신정호 박사 연구팀이 함께 만들어낸 아이디어 〈승승 발명송〉의 일부를 앞글자만 따서 부른 거라고 합니다. 다음은 신정호 박사가 강연에서 소개한 '분추똑대포반차'입니다.

창의성을 길러주는 분추똑대포반차

기법	내용	발명품
분할	전체를 부분으로 나눈다.	부러뜨릴 수 있는 커터칼, 조각으로 파는 피자 등
추출	필요한 것만 뽑는다.	안경에서 렌즈 부분만 작게 추출한 콘텍트렌즈, 필요한 부분만 보호하는 보호대 등
똑같을 필요 없다	전체가 다 똑같을 필요는 없다.	일부만 주름이 있는 빨대, 버스 전용 차로 등
대칭 고집하지 않기	일부러 짝짝이로 만든다.	한쪽만 긴 이어폰 줄, 위만 굵은 젓가락 등

포개보기	포갤 수 있도록 한다.	햄버거, 코펠 등
반대	반대로도 해본다.	찾아가는 이동도서관 등
차원	차원을 바꿔본다.	3D입체영화 등

창의적 사고 기법(CPS) 여섯 가지

이밖에 당장 가정이나 교실에서 활용할 수 있는 창의적 사고 기법도 있습니다. 제가 교실에서 연구했던 수업 중 하나가 창의적 사고 기법(CPS, Creative Positive Solution)을 활용한 창의성 계발수업이었습니다. 연구 결과, 이런 수업을 지속했을 때 학생들의 독창성이 유의미하게 향상되는 것을 확인할 수 있었습니다.

창의성을 길러주는 사고 기법

기법	내용	발명품
축사고	공간축, 시간축, 인물축을 바꿔보기	• 인물축 바꾸기: 왕건 대신 궁예가 통일했다면? • 공간축 바꾸기: 아편전쟁이 우리나라에서 일어났다면? • 시간축 바꾸기: 현대에 고려청자를 만든다면?
브레인 스토밍	비판 없이 모든 아이디어를 쏟아내기	• 장애가 있는 친구를 위해 우리가 할 수 있는 일은 무엇이 있을까?

브레인 라이팅	브레인스토밍을 쪽지에 적어보기	• 어린이 교통사고 사망률을 줄일 수 있는 방법을 쪽지에 세 개씩 써 보기
역브레인 스토밍	안 되는 이유를 찾아서 소 거해 보기	• 어린이 교통사고 사망률을 줄일 수 있는 방법 중 적절하지 않은 것 부터 지워보기
한줄정리	'A는 B이다. 왜냐하면 ~ 이기 때문이다'로 정리해 보기	• 분수는 친구다. 왜냐하면 사이좋 게 나눠 먹을 수 있기 때문이다.
TIR	Teacher in Role	• 교사가 역할놀이에 아이들과 함 께 참여하기

다시 강조하지만, 공부는 배우고 익히는 것입니다. 배우기만 하고 내 것으로 익히는 과정이 없으면 그것은 머리에 집어넣은 것이지, 공부한 것은 아닙니다. 창의성은 기초 지식을 응용할 수 있을 때 나옵니다. 평소에 무작정 집어넣는 식의 공부만 할 게 아니라, 배운 지식을 다양하게 활용해 보는 아이디어를 기르는 것도 중요합니다. 다양한 아이디어를 쏟아내는 기회가 자꾸 주어져야 합니다.

마인드맵,
쭉쭉 뻗어나가는 창의력의 가지

머릿속 내용을 정리하는 두 가지 방법

공룡을 좋아하는 수현(초2)이에게 공룡을 주제로 생각나는 대로 글을 써보게 했습니다. 다음은 수현이가 실제로 쓴 글입니다.

> 공룡은 나뭇잎이나 풀을 먹는 초식 공룡이 있다. 브라키오사우루스, 이구아노돈, 트리케라톱스가 있고, 다른 동물을 잡아먹는 육식 공룡이 있다. 티라노사우루스, 알로사우루스가 있다. 이것 말고도 날개가 있고 날아다니는 익룡이 있다. 프테라노돈이 익룡이다. 뿔이 나 있는 공룡도 있다. 트리케라톱스다.

하고 싶은 말은 알겠지만, 무슨 말을 하려는지 정확하게 눈에 안 들어옵니다. 내용이 구조화되어 있지 않기 때문입니다.

마인드맵을 이용하면 내용이 아무리 많아도 얼마든지 일목요연하게 정리할 수 있습니다. 한 번만 제대로 배워두면 두고두고 써먹을 곳이 많은 매우 유용한 도구이지요.

마인드맵은 생각을 체계적으로 정리하는 도구입니다. 국어, 사회, 과학 어떤 과목에나 활용할 수 있고 글씨 쓰기를 싫어하는 학생에게도 좋습니다. 요즘은 코글(Coggle)이나 알마인드(ALmind)처럼 컴퓨터 프로그램을 활용한 마인드맵 도구도 많습니다.

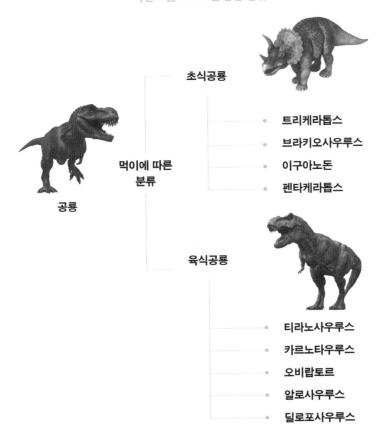

똑같은 내용을 알마인드를 이용해서 마인드맵으로 그려봤습니다. 공룡의 먹이 하나만 범주로 묶었습니다. 줄줄이 글로 쓴 것과 마인드맵을 비교해 보면 확실히 마인드맵이 한눈에 들어올 뿐 아니라 이해하기도 쉽습니다. 마인드맵에 익숙해지면 공부할 때는 물론이고 저처럼 책을 집필할 때 목차를 잡는 용도로 쓸 수도 있습니다.

머릿속 내용을 체계화하면 생기는 일

학자들에 따르면 공부를 잘하는 최상위권 학생들은 어떤 내용을 줘도 범주화해서 기억하고 체계적으로 정리하는 특성이 있다고 합니다. 방대한 내용을 똑같이 배워도 어떤 학생은 잘 기억하고 어떤 학생은 배우자마자 잊어버리는 것도 얼마나 체계적으로 기억하느냐에 따라 달라지는 것입니다.

마인드맵을 학생들에게 지도했더니 처음에는 큰 주제인지 세부 주제인지조차 헷갈려 했습니다. 체계를 잡는 공부에 익숙하지 않아서 그렇지만 하다 보면 점점 익숙해집니다. 다음과 같이 마인드맵 그리는 법을 지도해 주세요.

마인드맵 그리는 방법

1. 먼저 큰 주제를 정합니다.

> 예) 큰 주제: 공룡, 생물, 교육 등

2. 그에 따른 세부 항목을 써 내려갑니다.

공룡의 먹이, 공룡의 서식지,
공룡의 크기, 공룡의 생김새…….

3. 세부 항목에 따른 세부 내용들을 채워갑니다.

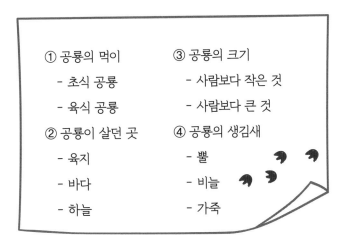

4. 스티커를 붙이거나 그림을 작게 그려서 설명을 보충해도 좋습니다.

마인드맵으로 배운 내용을 정리하게 하면 어떤 학년에서든 한 단원 학습 내용도 거뜬히 정리했습니다. 초등 저학년은 관련 내용을 그림으로 그리거나 스티커를 붙이는 식으로 시각적 재미 요소를 병행하면 좋아했고 초등 고학년은 스티커보다는 많은 내용을 종이 한 장에 정리할 수 있다는 것을 신기해 했습니다.

나중에는 굳이 마인드맵을 그리지 않아도 머릿속에 배우는 내용을 체계적으로 기억하게 됩니다. 공부가 쉬워지는 것은 덤으로 따라옵니다. 가정에서는 큼직한 종이를 주고 그림도 그려보고 스티커도 붙이면서 재미있게 꾸며보게 하세요.

1. 평소에 아이가 질문이 많은 편인가요, 적은 편인가요? 왜 그렇다고 생
   각하시나요?

2. 아이가 질문이 많다면 주로 어떤 분야에 흥미를 보이나요?

3. 아이가 궁금해 하고 관심을 보일 때 어떻게 도와주시나요?

4. 성장형 사고를 가진 부모는 아이가 어려움을 겪을 때 함께 방법을 찾아
   본다고 합니다. 아이가 최근 배운 것에서 더 생각해 볼 거리를 아이와
   함께 찾아보세요.

더 오래
기억하라

공부에서 빼놓을 수 없는 게
잘 기억하는 것입니다.
어떻게 해야 오래 기억하고,
효과적으로 공부할 수 있을지
함께 알아봅시다.

1

공부를 잘하려면
망각곡선을 역이용하라

돌아서면 잊는 망각의 기능

"아이고, 하나도 모르겠어. 돌아서면 까먹어. 나이 먹어서 공부하려니까 힘드네."

저희 엄마에게 공부가 재미있는지 물었을 때 엄마가 하신 말씀입니다. 엄마는 예순둘에 대학에 입학했습니다. 엄마는 나이가 들어서 잊어버리는 게 힘들다고 하셨지만 이건 우리 뇌가 원래 그렇기 때문에 지극히 당연한 현상입니다.

뇌는 엄마 말대로 돌아서는 순간부터 잊어버리기 시작합니다. 뇌는 수없이 많은 정보를 매 순간 엄청난 속도로 받아들이기 때문에 효율적인 측면에서는 적절하게 잊어버리는 것이 정말 중요합니다. 그렇지 않으면 뭐가 뭔지 모르게 뒤죽박죽 섞여버려서 필요한 정보를 제때 찾는 것이 어려워지죠.[35]

상상해 보세요. 우리가 모든 걸 다 기억한다면 삶이 얼마나 복잡할까요. 상사가 며칠 전에 했던 기분 나쁜 말을 토씨 하나 안 틀리고 기억하는 직장인이라면 어떨까요? 학생이 속상하게 했던 일을 매일같이 떠올리는 선생님이라면? 우리는 덜 아프고 덜 괴롭고 덜 힘들게 살 수 있도록 망각이란 선물을 신에게 받은 것입니다.

뇌와 컴퓨터의 가장 결정적인 차이는 '망각'입니다. 뇌는 당분간 인출할 가능성이 낮은 정보를 망각의 세계, 컴퓨터로 말하면 휴지통으로 보내버립니다. 컴퓨터는 우리가 삭제 버튼을 누를 때까지 폴더 안에 그대로 안 쓰는 파일들을 저장합니다. 시간이 흐르면서 파일이 쌓이면 컴퓨터는 속도가 느려지고 무거워집니다. 반면 불필요한 정보를 그때그때 지운 뇌는 느려지는 일이 없죠. 뇌와 컴퓨터 중 무엇이 더 효율적으로 작동하는지 짐작하실 수 있겠죠.

망각 곡선을 거스르는 최고의 복습 주기

헤르만 에빙하우스(Hermann Ebbinghaus)는 인간의 기억과 망각을 처음으로 연구한 학자입니다. 그는 망각을 연구해서 그래프로 나타냈는데요. 인지심리학자들이 수없이 이야기하는 '에빙하우스 망각곡선(forgetting curve)'입니다.

망각곡선은 돌아서면 잊어버린다는 엄마 말씀과 정확하게 맞아떨어집니다. 배우고 20분이 지나면 뇌에 남아 있는 것은 58.2퍼센트에 불과합니다. 벌써 반은 잊어버린 겁니다. 1시간이 지나면 기억량은 44.2퍼센트까지 떨어

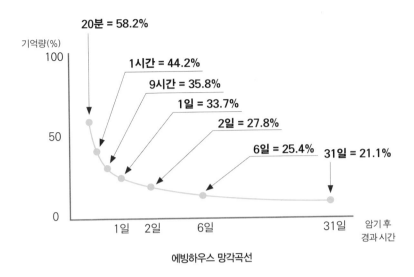

20분 = 58.2%

1시간 = 44.2%

9시간 = 35.8%

1일 = 33.7%

2일 = 27.8%

6일 = 25.4% **31일 = 21.1%**

기억량(%)

100

50

0

1일 2일 6일 31일 암기후
경과 시간

에빙하우스 망각곡선

지고, 하루가 지나면 33.7퍼센트만 남습니다. 6일이 지난 뒤에는 25.4퍼센트
만 남고 31일 뒤에는 21.1퍼센트만 남게 됩니다. 흥미롭게도 일주일 지난 뒤
나 한 달 지난 뒤나 기억하는 건 비슷합니다. 이게 뇌가 망각을 이용해서 기
억을 효과적으로 지우는 메커니즘입니다.

　망각이 인간의 삶에서 신의 선물인 것은 사실이지만 학생으로서는 배운
걸 자꾸 잊어버리는 게 좋은 일은 아닙니다. 그럼 어떻게 해야 잊어버리지 않
고 오래도록 기억할 수 있을까요? 뇌에 인출 단서를 줘야 합니다. 뇌는 적절
한 인출 단서를 적절한 타이밍에 제공하면 '이건 필요한 정보구나, 나중에 인
출하기 쉬운 장소로 옮겨놔야지'라고 판단합니다.

　망각하지 않고 필요할 때 쓸 수 있게 인출 단서를 만드는 것, 이게 우리가
흔히 말하는 '복습'입니다.

　마인드맵을 만든 토니 부잔은 에빙하우스의 망각곡선을 바탕으로 그의 책
『토니 부잔의 마인드맵 암기법』에서 가장 효과적인 복습 주기를 설명했습니다.[36]

최고의 복습 주기

- 1차 복습: 학습하고 10분 뒤, 5분 동안 복습

    → 하루 동안 기억한다.

- 2차 복습: 하루가 지난 뒤, 2~4분 동안 복습

    → 일주일 동안 기억한다.

- 3차 복습: 2차 복습하고 일주일 지난 뒤, 다시 2분 동안 복습

    → 한 달 동안 기억한다.

- 4차 복습: 3차 복습하고 한 달이 지난 뒤, 다시 복습

    → 장기기억으로 남는다.

오래 기억하고 싶다면 잊어버리지 않게 제때 복습해야 합니다. 뇌가 망각으로 처리할 만하면 복습하고 망각의 세계로 보낼까 고민할 즈음 또 복습하는 겁니다. 그렇게 4번만 반복해도 진짜 내 것으로 남습니다. 4번 반복한 뒤에는 긴 시간 머리 싸맬 필요 없이 훑으며 잠깐만 봐도 괜찮습니다. 뇌가 알아서 앞으로 자주 꺼내 쓸 유용한 정보라고 인식하고 기억하기 좋은 위치로 옮겨놓습니다. 이 얼마나 정교하고, 훌륭한 메커니즘인가요.

성효샘의
공부 멘토링

복습의 황금률,
3분 복습법

복습의 골든 타임, 수업 3분 전

여러 번 강조했지만 공부는 배우고 익히는 것입니다. 배우는 것도 중요하지만 내 것으로 익히는 과정은 더욱 중요합니다. 배운 것을 되짚어 보는 복습은 그 자체로 학습의 한 축을 담당합니다. 예습과 복습 중 무엇이 중요하냐는 질문도 가끔 듣는데 단원평가를 기준으로 90점 이상 맞는 과목은 예습해도 되지만 그렇지 않은 경우는 무조건 복습에 힘을 쏟으라고 조언합니다.

3분 복습법은 초등학교에서 쓰기 가장 좋은 공부법입니다. 초등 저학년부터 고학년에 이르기까지 어떤 학년에서나 쓸 수 있습니다. 초등학생이 배우는 교과서는 분량이 많지 않고 초등학생이 이해하기 어려울 만큼 복잡한 내용을 다루지 않습니다. 3분 복습법으로도 학습 효과는 충분합니다. 실제로 최상위권 고등학생도 수업 시작 5분 전에 교과서를 다시 읽어보는 식으로 공부하는 경우가 많습니다.

보통 쉬는 시간 종이 치면 아이들은 우르르 일어나서 화장실에 다녀오거나 복도에서 떠들고 장난을 칩니다. 쉬는 시간에 쉬는 것은 좋지만 수업 시간을 지키는 것은 기본적으로 학생이 꼭 지켜야 할 학습 태도입니다. 수업 종이 치기 적어도 3분 전에는 자리에 앉아서 다음 시간을 준비하는 게 좋습니다.

저는 수업 시작 3분 전에는 학생들이 함께 노래를 부르도록 지도했습니다. 노래가 끝나기 전에 자리에 앉는 게 학급 약속이었고 그 사이에 아이들은 수업 준비를 했습니다. 저희 반 교실 이야기를 담은 EBS 〈다큐프라임〉 '교육대동여지도-교사 고수전' 편이 방영됐을 때도 아이들이 영어 노래를 부르면서 자리에 앉아 다음 시간 수업을 준비하는 장면

이 나왔습니다.

자리에 앉은 다음은 책상 속에 정리해둔 교과서와 공책, 연필, 4색 볼펜, 형광펜, 지우개 등을 꺼냅니다. 필기도구를 정돈한 다음, 지난 시간에 배운 부분을 펴고 교과서를 다시 읽어보도록 합니다. 교과서 대신 공책을 정리한 것을 읽어도 좋습니다.

중요한 것은 적어도 3분 전에는 자리에 앉아 있어야 한다는 것입니다. 이때 수업 준비물을 챙기고 조용히 지난 시간에 배운 것을 읽어봐야 합니다. 수업 전 3분만 잘 잡아도 복습은 거의 다 한 것입니다.

아이가 배울 내용은 대부분 지난 시간과 연계되는 것입니다. 지난 시간에 배운 것을 잘 이해한다면 당연히 이번 시간에 배울 내용도 이해하기 쉽습니다. 망각을 이기는 복습도 알고 보면 이렇게 작고 사소한 습관으로 해결할 수 있는 것입니다.

온라인수업에도 통하는 3분 복습법

대면 수업은 수업 시간과 쉬는 시간의 구별이 명확합니다. 아이들이 수업 3분 전이라는 의식을 하기가 비교적 쉽죠.

그렇다면 온라인수업은 어떨까요? 별다른 제약이 없는 온라인수업 때도 수업 전 3분을 복습에 활용할 수 있을까요? 결론부터 말하자면 가능합니다. 다음은 그 방법을 정리한 것입니다.

온라인수업에서 3분 복습 활용하기

1. 선생님이 쉬는 시간을 주면, 교과서와 공책을 덮고 자리에서 일어납니다. 책상 한쪽으로 교과서와 공책을 치워둡니다.
2. 화장실에 다녀오거나 물을 마시는 등 잠시 휴식을 취합니다.

3. 시계를 보고 적어도 3분 전에는 다시 자리에 앉습니다. 3분 전에 노래를 가볍게 부르면서 자리에 앉는 것도 좋은 방법입니다.

4. 노래를 부르면서 다음 시간을 준비합니다. 다음은 아이가 다음 수업이 시작되기 전에 준비해야 할 사항입니다.

   - 다음 시간 교과서를 챙깁니다.

   - 배울 곳이 어디인지 찾아서 펴놓습니다.

   - 지난 차시에서 배운 내용을 조용히 눈으로만 훑어봅니다.

   - 공책을 폅니다.

   - 지난 시간에 필기한 내용을 조용히 눈으로만 읽습니다.

   - 지난 시간에 선생님이 중요하다고 했던 핵심어와 개념어를 머릿속에 세 개 이상 떠올려봅니다.

   - 교과서에서 핵심이 된다고 생각되는 중요 단어들만 동그라미를 치면서 다시 한번 읽어봅니다.

   - 머릿속에 사진을 찍어둔다 생각하면서 암기합니다.

5. 다음 시간 수업을 시작합니다.

2

한 번 더 보고 싶어지는 공책 필기의 비결

중학교 가기 전 필수 준비, 공책 필기

초등학교는 담임 선생님 수업 방식에 따라 공책을 쓰기도 하고, 안 쓰기도 합니다. 담임 선생님이 지도하신다면 더 바랄 게 없겠지만 그렇지 않아도 방법만 알면 혼자서도 얼마든지 필기할 수 있습니다. 초등 저학년은 배우는 내용이 많지 않고 소근육 발달이 덜 돼 있어서 필기엔 적합하지 않습니다. 초등 중학년도 꼭 기억해야 할 개념어를 단어 위주로 적고 학습일지도 두세 줄 써보는 것으로 충분합니다.

초등 고학년부터는 공책 정리와 필기 요령을 본격적으로 가르칠 수 있습니다. 이번에 소개하는 공책 활용 공부법은 최상위권 고등학생들이 쓰는 것과 핵심이 같습니다. 교실에서 학생들을 가르치면서 초등학생용으로 쉽게 활용할 수 있게 만든 것으로, 제가 가르친 학생들이 중학교에 가서 선생님

256

들에게 가장 자주 칭찬받았던 것도 공책 정리였습니다. 잘만 익혀두면 두고 두고 활용할 수 있습니다.

중학교에 가면 수행평가와 지필평가를 혼합하여 시험을 봅니다. 학습 분량이 많아지고 어려워지기 때문에 따로 정리하지 않고 수업을 무작정 '듣기'만 해서는 안 된다는 것을 학생들이 먼저 느낍니다. 초등학교에서는 나중을 위해 미리 연습한다 생각하고 지도하세요.

한 권으로 충분한 공책 필기법

공책은 크게 '학습 내용-핵심어와 개념어-학습일지-퀴즈' 4단계로 구성돼 있습니다.

공책 필기 하는 법

(준비물) 4색 볼펜, 스프링 공책, 형광펜, 포스트잇 등

1. 학습 내용

- 학습 내용은 배운 내용을 위주로 번호를 매겨가면서 정리합니다. 저는 쉬는 시간에 칠판에 5~6줄 정도로 짧게 판서하되 중요 내용은 모두 빈칸으로 남겨놓았습니다. 학생들은 수업을 들으면서 이 빈칸을 채워 넣었습니다.
- 학습 내용은 꼭 글로 쓰지 않아도 됩니다. 그림을 그리거나 스티커를 붙여도

좋고 칸이 모자라면 포스트잇에 정리해도 됩니다.

- 가정에서 지도하실 땐 다음 날 배울 내용을 4~5줄 정도로 짧게 쓰고 중요 내용은 빈칸으로 남겨두게 하세요. 빈칸은 다음 날 수업을 들으면서 채우게 합니다.

- 선생님이 수업에서 강조한 중요 내용과 아이가 혼자 예측한 중요 내용이 몇 개나 같은지 확인해 보게 하세요. 메타인지를 기를 수 있을 뿐 아니라 수업에도 적극적으로 참여할 수 있는 매우 좋은 공부법입니다.

2. 핵심어와 개념어

- 핵심어는 눈에 드러나지 않지만 핵심 내용으로 요약할 수 있는 개념을 뜻합니다. 개념어는 눈에 딱 띄게 드러나는 중요 단어를 말합니다.

- 핵심어와 개념어는 수업의 핵심이 되는 중요 개념입니다. 이건 반드시 기억해야 하는 것이어서 학생이 스스로 찾아서 정리해 보는 게 좋습니다.

- 선생님은 핵심어와 개념어를 강조해서 가르칠 수밖에 없습니다. 선생님이 강조하는 개념어들은 모두 빨간색으로 써서 눈에 띄게 합니다. 내가 이해하는 내 말로 개념어를 정리할 수 없으면 모르는 것과 같습니다.

3. 학습일지

- 학습일지는 배운 내용을 머릿속으로 떠올려보면서 씁니다. 일기처럼 쓰되 수업 시간에 있었던 일을 돌이켜보면서 쓰게 하세요. 이 회상하기 기법은 기억을 오래가게 하는 데 매우 유용한 방법입니다.

4. 퀴즈

- 퀴즈는 배운 내용으로 문제를 직접 만들어보는 것입니다.

- 사지선다형도 좋고 단답형도 좋고 서술형도 좋습니다. 핵심이 되는 내용으로 문제를 만들어보게 하세요. 문제를 직접 내보는 것만으로도 공부에 크게 도움이 됩니다.

- 출제자의 의도를 생각하면서 문제를 풀면 정답을 맞힐 확률도 확연하게 올라갑니다. 이건 최상위권 학생들이 자주 쓰는 공부법 중 하나입니다.

최상위권 고등학생들은 시험기간에 공책 한 권만 봐도 되도록 정리합니다. 이렇게 문제집, 참고서, 교과서 등의 모든 내용을 공책 한 권에 정리하는 것을 단권화라고 합니다. 선생님이 농담한 것까지 같이 기록하는 학생도 많은데, 그렇게 하면 관련된 수업 내용을 떠올리기가 더 쉽기 때문입니다. 뇌는 상황을 전체적으로 기억하는 특성이 있어서 농담이나 분위기, 주고받았던 말들을 인출 단서로 제공하면 수업 내용을 떠올리는 것도 쉬워집니다. 최상위권 학생들은 누가 설명해 주지 않아도 이런 것들을 스스로 깨우치고 활용하고 있는 것이죠.

공책 필기를 재밌게 만드는 팁

가정에서 지도하실 때는 공책을 아끼지 말고 팍팍 쓰게 하세요. 글씨를 깨알같이 작게 쓰고 못 알아보는 경우도 많은데 큼직하게 써서 한눈에 알아보기 쉬운 게 더 낫습니다.

특히 선생님이 하는 말을 그대로 받아쓰는 건 안 하는 게 좋습니다. 받아쓰기를 하다가 선생님 설명을 놓치는 경우가 더 많습니다. 귀 기울여 들으면서 중요 단어나 중요 내용만 써보게 하세요.

글씨가 많다고 좋은 공책이 아닙니다. 그림, 스티커, 마인드맵 등을 다양하게 활용하게 하세요. 개념어 칸은 나만의 기호를 만들어서 활용하게 하세요. 중요한 것은 '★', 재미있는 것은 '☀' 같은 기호를 붙여보게 하는 것도 좋습니다.

공책 필기에 재미를 붙이는 법

- 다양한 색깔 펜을 사용한다.
- 개념어와 핵심어를 눈에 띄게 표시한다.
- 나만의 기호나 그림을 활용한다.
- 마인드맵, 그림, 그래프, 도표 등을 활용한다.

기억력을 높이는
작지만 센 공부법 두 가지

공부 잘하는 아이들은 공책 필기에서 그치지 않습니다. 공부한 것을 어떻게든 머릿속에 붙들어두고자 다음 두 가지 방법도 같이 활용합니다. 작지만 강력한 공부 방법이므로 모두 적용해 보시길 바랍니다.

1. 낭독

낭독은 책을 이해하고 기억하는 데 가장 좋은 방법입니다. 교과서를 큰 소리로 읽게 하세요.

교과서를 낭독한 경험이 없다면 부모님과 함께 읽으면 됩니다. 부모님이랑 번갈아 가면서 한 줄씩 읽어도 좋고, 한 쪽씩 읽어도 좋습니다. 반복해서 매일 조금씩 꾸준하게 읽으면 나중에는 교과서를 통으로 암기할 수 있습니다.

이때 중요한 것은 낭독 분량을 정하는 것입니다. 다음과 같이 범위를 겹쳐서 낭독해 나가세요. 기억력을 극대화할 수 있을 것입니다.

낭독 분량 정하기

- 오늘: 사회 교과서 1~3쪽 읽기

- 내일: 사회 교과서 1~5쪽 읽기

- 모레: 사회 교과서 1~7쪽 읽기

- 글피: 사회 교과서 1~9쪽 읽기

2. 요약

요약하기를 꾸준히 훈련하면 독해력과 문장력이 빠르게 늡니다. 핵심을 요약하는 것이 독해력의 한 분야이기 때문입니다. 교과서로 공부한 다음 요약을 해보면 부족한 부분이 무엇인지 금방 알 수 있습니다.

정리할 때에는 핵심어와 개념어를 중심으로 하면 되는데, 핵심어는 선생님이 수업 시간에 중요하다고 강조했던 개념어를 떠올려보고, 잘 생각이 나지 않으면 교과서 학습목표로 다시 확인합니다.

핵심 개념을 한 줄짜리 짧은 문장으로 써보면서 문장으로 설명할 수 있으면 잘 이해하고 있는 것입니다. 문장으로 요약한 것을 모아서 읽어보고 전체적으로 매끄럽게 정리되도록 몇 번이고 읽어보고 고칩니다.

교과서를 잘 요약했는지 확인하려면 차시마다 친절하게 안내하고 있는 교과서 학습목표를 살펴보면 됩니다. 교과서는 '학습목표→학습활동→정리' 순서로 구성돼 있어서 교과서로 이 내용들이 잘 정리됐는지 확인하면 됩니다.

3 수업 잘 듣는 아이가 공부를 잘하는 진짜 이유

의외로 어려운 미션, 선생님 말씀 '잘 듣기'

"선생님 말씀 잘 듣고, 궁금하면 꼭 질문해라."

어린 시절 학교에 갈 때마다 엄마가 하셨던 말씀입니다. 아마 저뿐 아니라 대부분이 부모님께 이런 잔소리를 들으며 자랐을 겁니다. 부모님들이 하셨던 말씀에서 중요한 것은 질문하라는 말보다 선생님 말씀을 잘 들으라고 한 것입니다. 잘 듣는 것이 말하기보다 먼저라는 점을 눈여겨보세요.

아이가 말을 잘하기 위해서는 수많은 말을 들어야 합니다. 수없이 듣고 따라 하는 (옹알거리면서 연습하기) 과정을 거쳐서 말문이 트입니다. 공부도 기본은 항상 듣기입니다. 그것도 그냥 듣기가 아니라 선생님의 설명을 하나하나 곱씹듯이 새겨듣는 '잘 듣기'입니다. 모든 교사가 인정하는 공부의 진리라면 '선생님 말씀을 잘 듣는 아이가 공부를 잘한다'입니다. 여기서 잘 듣는다는 것은 선생님이 하라는 대로 한다는 뜻이 아닙니다. 선생님의 설명과 안내를 주의 깊게 듣는다는 뜻입니다.

최상위권 학생들이 학교 수업을 놓치지 않는 이유

교사가 되기 위해 교대생들은 4년 내내 모든 학년, 모든 교과의 교육과정, 과목별 교육 이론과 수업 방법을 샅샅이 공부합니다. 매 학기 교과서만 10권 가까이 되니 초등학교 6년이면 120권의 교과서가 있는 셈입니다. 거기에 모든 학년의 교육과정이 목표도 다르고 성취기준도 다르고 심지어 수업 모형도 다릅니다. 이 모든 걸 다 외워야 임용시험을 치를 수 있습니다. 매우 어려울 뿐만 아니라 경쟁률 또한 높습니다.

교육과정은 학생들이 사회에 나오기 전에 한 사람의 훌륭한 성인이 되기 위해 알아야 할 수많은 지식을 가장 체계적이고 과학적으로 정리한 것입니다. 대한민국 국민이라면 이 정도는 알아야 한다는 최소한의 지식 모음이죠. 이걸 교사들이 가장 잘 가르칠 수 있도록 만들어놓은 표준화된 교재가 교과서입니다. 학생은 배우기 쉽고 교사는 가르치기 쉽게 수많은 전문가들이 모여서 만든 책이죠.

이렇게 교과서와 교육과정을 만들고 그에 맞춰서 잘 가르칠 수 있도록 훈련받은 전문가가 교사입니다. 교사 한 사람 한 사람이 이런 교육전문가이고, 교사는 교육과정을 잘 가르치려 애씁니다. 교사는 모든 시험 문항을 교과서와 교육과정에서 출제할 수밖에 없습니다.

수능시험의 출제 경향은 해마다 똑같습니다. 대한민국에서 교육과정을 정상적으로 이수한 고등학생이라면 누구나 풀 수 있는 문제라고 말합니다. 이 말은 틀린 말이 아닙니다. 교육과정은 누구나 학교를 다니면서 배운 것이고, 누구나 배우기 쉽게 만든 것이 교과서이며, 시험은 교과서에서 출제하기 때문입니다.

이런 원리 때문에 학교 수업을 소홀히 여기는 학생은 점수를 잘 받고 싶어도 잘 받을 수가 없습니다. 이 이치를 알고 나면 학원 가서 열심히 공부하고 학교 와서 조는 것이 얼마나 말이 안 되는 일인지 금방 이해할 수 있습니다.

최상위권 고등학생이 학교 수업을 소홀히 했다는 말을 들어보신 적 있나요. 수능 만점자가 학원에서 열심히 공부했다고 말하던가요. 최상위권 학생들은 무조건 학교 수업에 최선을 다합니다. 그것도 그냥 최선이 아닙니다. 듣고 쓰고 요약하고 질문하고 다시 자신에게 설명하는 과정을 꾸준히, 질리도록 반복합니다. 메타인지를 활용하고 최대한 오래 기억하도록 온갖 기억술을 응용합니다.

'잘 듣기'도 훈련이 필요하다

어릴 때부터 상대의 말에 집중해서 잘 듣는 것을 강조해서 가르쳐야 합니다. 저는 학기초에 학생들에게 듣기 훈련만 따로 시켰습니다. 거창한 건 아니고 선생님을 쳐다보는 훈련이었습니다. 선생님의 설명을 잘 들으려면 귀로 듣는 게 아니라 눈으로 쳐다보면서 듣는 습관이 중요하니까요.

처음에는 말하는 상대의 미간을 보게 하고 익숙해지면 눈을 쳐다보면서 듣게 합니다. 상대의 말이 다 끝날 때까지 말없이 듣고, 다 들은 다음 말해야 합니다. 상대의 말을 중간에 가로채거나 자르는 일이 없도록 늘 신경 써서 지도하는 게 무척 중요합니다.

그러고 보면 옛날 말 틀린 게 없다더니, 정말 그런 것 같습니다.

"선생님 말씀 잘 들어라."

귀에 딱지가 앉게 듣던 그 말은 정말로 공부의 비법이었으니까요.

가정에서 지도하는 '경청하기'

1. 말하는 상대의 눈을 보게 합니다.

2. 상대의 말에 적절하게 반응하도록 합니다.

3. 맞장구치기, 고개 끄덕이기, 눈으로 웃어주기, 질문하기 등을 하는 게 좋습니다. 말은 쉬워도 한국 사람은 대체로 반응 없이 듣는 편이라 아이에게 지도할 때도 의도적으로 짚어줘야 실천할 수 있습니다. '적어도 두 번은 고개를 끄덕여라' '궁금한 것은 질문할 수 있게 메모해라' 등 구체적인 방법을 가르쳐줍니다.

4. 상대의 말이 다 끝날 때까지 기다리게 합니다. "근데" "아니" 같은 말로 상대의 말을 끊지 않도록 지도하세요.

5. 상대가 말을 다 마치면 메모한 내용을 바탕으로 질문하게 합니다. 부모가 말을 할 때 끊고 하고 싶은 말을 해버리는 아이라면 학교에서도 친구나 선생님 말을 끝까지 잘 듣지 않습니다.

6. "네 생각은 그렇구나. 내 생각은 말이야"로 시작하는 말하기를 가르칩니다.

7. 경청이 필요한 이유에 대해 이야기 나눠보세요.

많은 내용을
단숨에 기억하는 방법

교과서의 뼈대를 이해하는 가장 쉬운 방법

교육과정은 학년별로 굵직하고 큰 목표가 있고 이 커다란 목표에 도달할
수 있도록 쪼개어놓은 세부적인 목표가 있습니다. 세부적인 목표들은 다시
단원별로 배치되어 교과서를 성실하게 배우면 교육과정에서 기대하는 목표
를 달성할 수 있습니다. 복잡하게 생각하면 복잡하지만 교과서만 잘 배워도
어지간한 학습 성취는 다 이룰 수 있단 뜻입니다.

교과서에서 무엇을 배울지 이해할 수 있는 가장 쉬운 방법은 목차를 보는
것입니다. 어떤 책이든 목차를 보면 책의 구성을 금방 이해할 수 있는데, 목
차가 가장 굵직한 뼈대가 되기 때문입니다. 교과서에서 배울 내용을 한눈에
이해하기 쉽도록 정리해 놓은 것도 목차입니다.

사회 교과서를 예로 들면 5학년 1학기 사회 시간에 배우는 굵직한 뼈대가

대단원이고 여기에서 가지를 뻗어나가는 것이 소단원입니다.

5학년 1학기 사회 교과서 목차

굵직한 뼈대	뻗어나간 가지
대단원	소단원
1. 국토와 우리생활	(1) 우리 국토의 위치와 영역
	(2) 우리 국토의 자연환경
	(3) 우리 국토의 인문환경

아이들은 이 작은 가지들에 살을 붙여나가는 식으로 배웁니다. 교과서가 이런 식으로 구성돼 있기 때문에 굵직한 뼈대를 순서대로 꿰고 있어야 전체적인 흐름과 내용을 머릿속에 떠올리기가 쉽습니다.

목차 공부법은 외우고 이해해야 할 게 많은 사회 과목에서 특히 유용하게 쓸 수 있습니다. 작은 단원을 하나 배우고 나면 목차 맵에 배운 내용을 천천히 정리해 보게 하세요. 머릿속에서 일목요연하게 전체적인 흐름을 파악하면서 공부할 수 있습니다.

목차 공부법은 다음과 같은 단계로 진행됩니다.

1단계에는 작은 단원 하나를 동화책 읽듯이 가볍게 읽습니다. 2단계에는 학습목표에 유의하면서 읽습니다. 3단계에는 핵심 개념어가 무엇인지 동그라미 치면서 읽습니다. 4단계에는 학습목표와 핵심 개념어를 생각하면서 다시 읽습니다. 5단계에는 목차의 뼈대를 잡아보고 세부적인 내용을 핵심 개념어로 채워봅니다. 마지막 6단계에는 생각나지 않는 부분을 다시 읽으면서 공부합니다.

목차 공부법 예시

학년과 학기 5학년 2학기

단원명 1. (1) 나라의 등장과 발전

고조선의 건국	삼국의 성립	신라의 통일 과정과 발해의 성립 및 발전
고조선의 건국과 발전 과정	고구려의 성립과 발전	신라의 통일 과정
• 환웅이 비, 바람, 구름 을 다스리는 신하들 을 데리고 태백산에 내려왔다.	• 기원전 37년, 부여에 서 이주한 주몽이 국 내성(중국 지린성)에 세웠다.	• 나당연합군의 공격으로 660년 백제 멸망, 668 년 고구려 멸망 • 신라 대 당나라의 전쟁 에서 신라 승리(매소 성 · 기벌포 전투) • 676년 신라의 삼국통일 완성
고조선 8개조법	백제의 성립과 발전	발해의 성립
• 백성을 다스리는 8개 의 법 – 살인하면 사형에 처 한다. – 다치게 하면 곡식으 로 갚는다. – 도둑질하면 노비로 삼는다.	• 기원전 18년, 고구려 왕자인 온조가 위례 성(서울)에 세웠다.	• 대조영이 고구려 유민 과 말갈족을 이끌고 동 모산 지역에 건국했다.

고조선의 문화유산	신라의 성립과 발전	발해의 발전 과정
• 탁자식 고인돌, 비파형 동검, 미송리식 토기가 대표적이다.	• 기원전 57년, 박혁거세가 금성(경주)에 세웠다.	• 일본, 돌궐과 우호관계를 맺었던 무왕, 당과 친선관계를 맺었던 문왕을 거쳐 선왕 시기에 '해동성국'으로 불릴 정도로 융성했다.

5

사회가
암기과목이 아니라고요?

기억력은 좋은데 사회 점수는 낮은 아이

"선생님, 수영(초4)이는 기억력이 좋은 편이에요. 집에서 물건 잃어버리면 식구들이 수영이한테 물어봐요. 수영이는 어디에 뭐가 있는지 기억을 잘하거든요. 사회는 암기과목이니 수영이가 당연히 잘할 줄 알았는데 점수가 안 나오더라고요. 왜 그런 걸까요?"

수영이는 일상적인 일은 잘 기억했지만 수업 내용은 그렇지 않았습니다. 왜 그런 걸까요. 먼저 오늘 아침 출근길을 떠올려보겠습니다. '차를 운전해서 어느 모퉁이를 돌아서 어느 길로 얼마나 가야 한다' '어느 역까지 지하철을 타고 몇 정거장을 가면 내려야 한다' 하는 정보는 길이 복잡해도 어렵지 않게 떠올릴 겁니다.

만약 두 시간짜리 독서 교육 강의를 들었다면 어떨까요. 출근길 떠올리듯

일곱 번째 솔루션 더 오래 기억하라 271

이 쉽게 떠올리기 어렵습니다. '어릴 때 독서 습관이 중요하다' '책 많이 읽으면 좋다' 같은 굵직한 내용 몇 가지만 떠오르는 게 전부일 겁니다. 공책에 열심히 필기했다면 몇 가지 더 기억이 나겠지만 그마저도 자세한 것은 생각나지 않습니다.

이 글을 쓰는 저도 그렇고, 기억력 대회 챔피언도 그렇습니다. 강의를 듣거나 시험공부를 할 때의 기억은 일상적인 일을 기억하는 것보다 훨씬 어렵습니다. 이건 머리가 좋고 나쁘고의 문제도 아닙니다. 체계화가 잘된 것은 인출이 쉽고, 그렇지 않으면 인출이 어렵다는 기억의 특성과 관련되어 있습니다.

일상은 앞뒤로 빼곡하게 들어찬 인출 단서 때문에 다른 기억까지 쉽게 인출할(떠올릴) 수 있습니다. 운전해서 출근하는 사람이라면 시동을 걸고, 차를 빼고, 아파트 모퉁이를 돌아서, 큰길로 접어들어야 한다는 일련의 복잡한 일들을 나름대로 체계를 갖춰서 기억합니다.

이렇게 체계화된 기억은 어느 한 부분이 인출이 안 되더라도 곰곰이 생각하면 금방 기억이 떠오릅니다. 우리 뇌는 자주 반복하는 일련의 행동들을 청킹(덩이로 묶기)으로 효율을 높여 기억하기 때문입니다. 뇌는 덩이로 묶은 체계화된 기억을 커다란 덩이처럼 묶어놨기에 앞뒤의 단서들을 끌어와서 인출해낼 수 있습니다. 체계화된 일상의 기억은 그래서 떠올리기가 쉬운 것이죠.

학습은 이런 기억과는 다릅니다. 학습은 체계화돼 있는 게 아니고 분량도 많기 때문에 학생 스스로 의도적으로 체계화해야 합니다. 이 체계화를 잘할 수 있느냐 아니냐에 따라 공부를 잘하고 못하고가 나뉩니다.

전문가들은 앞에서 배운 것을 뒤에서 배운 것 때문에 헷갈리거나 잊어버리는 일을 '기억의 간섭'이라고 부르는데, 체계화된 기억에서는 이 간섭도 잘 일어나지 않습니다.

의도적 체계화가 기억을 결정한다

공부를 잘하는 학생들은 똑같이 공부해도 배운 내용을 나름의 체계를 갖춰서 범주화하고 체계적으로 정리하는 일을 잘합니다. 반면 공부를 못하는 학생들은 체계화하는 작업 자체를 잘 못합니다. 마인드맵이나 목차 공부법을 이 책에서 소개한 것도 지식을 체계화하는 가장 쉬운 방법들이기 때문에 그렇습니다.

EBS 〈다큐프라임〉 '공부의 왕도' 편에서는 이와 관련한 실험을 진행한 적이 있습니다. 이들은 서울대, 스탠퍼드대, 와튼 스쿨, 카네기멜론대 등 흔히 말하는 명문대 학생 8명과 산본중학교 2학년 학생 40명을 대상으로 3차에 걸친 기억력 테스트를 실시했습니다.

1차 테스트에서는 학생들에게 단어 100개를 무작위로 제시하고 기억하게 했습니다. 중학생들은 1차 테스트에서 평균 23.92개를 암기했습니다. 2차 테스트는 새로운 100개의 단어 카드를 주고, 이 단어들이 곤충, 과일, 음식 등 10개 항목으로 나누어진다는 것을 알려준 다음 답안을 작성하게 했습니다. 그러자 학생들은 평균 40.62개를 암기했습니다. 암기해야 할 단어가 항목별로 나눠진다는 힌트만 줬는데도 암기량이 두 배 이상 껑충 뛴 것입니다.

흥미로운 것은 1차와 2차 테스트 모두 높게 나온 학생들은 단서가 없었던 1차에서도 알아서 항목별로 나누어서 기억했다는 부분입니다. 더 놀라운 것은 8명의 명문대 학생들의 테스트 결과입니다.

명문대 학생들은 평균 46.25개를 암기했습니다. 평범한 중학생의 두 배 가까운 수치입니다. 이들은 분류와 관련한 힌트를 전혀 주지 않았는데도 카드들을 알아서 항목을 나눠 분류한 다음 암기했습니다. 2차 테스트에서 중학생들에게 항목이 있다는 힌트를 주고 외우게 했을 때와 비슷한 수치입니다.

학습 내용을 범주화해서 기억하는 작업은 뇌가 기억할 때 사용하는 청킹(덩이로 묶기) 방식과 같습니다. 뇌가 평소에 사용하는 방식을 활용하므로 결과가 잘 나올 수밖에 없습니다.

정리하자면 공부 잘하는 학생들은 무턱대고 암기하지 않습니다. 나름의 분류 기준을 세우고 체계를 만들면서 암기합니다. 결국 학습은 이런 의도적인 작업을 얼마나 잘하느냐에 따라 성패가 나뉜다고 할 수 있습니다. 구분짓고 체계화하고 범주화하는 작업을 평소에 훈련해두는 것이 중요합니다. 마인드맵이나 목차 공부법 등을 훈련하면 할수록 체계화하는 것이 점점 쉬워집니다. 공부가 쉬워지는 것이죠.

2% 부족한 공부를 완성하는
빈칸 채우기의 마법

어렵게 배워야 오래 남는다

"수정테이프를 이 주에 10통 써요. 중요한 부분은 수정테이프로 다 지우고 다시 쓰고를 반복하거든요."

서울 B여고에서 전교 1등을 하는 정가은 학생 인터뷰에 나온 이야기입니다.[37] 수정테이프를 이 주에 10통씩 쓰는 게 전교 1등의 공부법이라고 하니 의아할지도 모르겠습니다.

공부는 참으로 오묘한 것입니다. 우리는 공부를 쉽게 해야 좋다고 생각하지만, 우리 뇌는 그렇지 않습니다. 뇌는 어렵게 공부하고 힘들게 애쓴 것일수록 기억으로 오래 남겨둡니다. 쉽게 배운 것은 쉽게 잊어버리고 어렵게 배운 것은 오래 남는다는 것이야말로 공부의 진짜 비밀이지요.

인지과학자들은 이렇게 어렵게 공부하는 것을 일컬어 '바람직한 어려움(desirable difficulty)'이라고 부릅니다. 망각 파트에서 살펴본 것처럼 공부한 다음 인출하지 않고 내버려 두면 그 기억은 서서히 사라집니다. 시간이 갈수록 망각하는 양은 많아지고 뇌는 인출하는 일이 없었으니 앞으로도 쓸 일이 없을 거라고 여기고 망각의 숲에 기억들을 차곡차곡 옮겨놓습니다.

이걸 깨뜨리는 게 인출 단서를 제공하는 것입니다. 인출 단서를 만드는 방법 중 학자들이 가장 확실한 것으로 꼽는 것이 '바람직한 어려움'입니다. 일부러 연습을 어렵게 한다거나 문제를 풀 때 살짝 귀찮을 정도로 번거로움을 경험하게 하는 것입니다.

EBS 〈다큐프라임〉 '다시, 학교' 편에서는 이와 관련하여 흥미로운 실험을 했는데요. 실험진은 한 그룹은 문제집을 그냥 읽도록 했고, 다른 그룹은 문제집의 지문에 빈칸을 만들어서 채우게 했습니다. 그러자 두 그룹의 뇌 반응이 다르게 나타났습니다.

문제집을 그냥 읽은 그룹보다 문제집 지문의 빈칸을 채운 그룹이 더 높은 스트레스와 긴장도를 보인 것입니다. 빈칸 채우기 그룹의 뇌 사진은 실제로 더 붉은색을 띠었습니다.

'바람직한 스트레스'를 공부에 이용하라

우리가 너무나 쉽게 생각하는 빈칸 채우기가 사실은 이렇게나 유익한 공부법입니다. 전교 1등 학생이 그렇게나 많은 수정테이프를 쓰는 이유를 이제 이해하실 겁니다.

빈칸을 채운다는 것은 단순하게 반복해서 읽는 것과 달리 뇌가 자꾸 기억을 더듬어서 꺼내어야 하는 인출 작업을 시키는 것과 같습니다. 뇌가 공부에 필요한 중요한 정보이니 기억으로 옮겨놓는 것이죠.

이런 어려움은 뇌가 상당히 피곤해 하고 스트레스 받는 일입니다. 뇌가 단순하게 반복해서 읽는 것보다 빈칸을 채우는 일에 스트레스를 더 많이 받을 수밖에 없습니다. 하지만 이 스트레스는 말 그대로 바람직한 것이기 때문에 바람직한 어려움을 더 자주 경험할수록 뇌는 더 잘 기억하고, 학습 효과 역시 강력해집니다.

벼락치기로 몰아서 공부하면 효과가 떨어지는 것도 같은 맥락에서 이해할 수 있습니다. 벼락치기를 하게 되면 많이 아는 것 같은 착각에 빠지지만 그렇게 몰아서 공부하는 집중학습은 효과가 떨어집니다. 뇌는 밤을 새워 몰아서 공부한다고 해서 기억으로 남겨두지 않습니다. 시간이 조금 흘러서 잊힐 만하면 꺼내고, 잊힐 만하면 꺼내는 것을 반복해서 완벽하게 외우는 것 말고는 말이죠.

이걸 분산학습이라고도 부르는데, 분산학습이 효과가 좋은 것도 뇌의 특성상 잊어버리고 망각할 만하면 다시 끄집어내는 것 자체가 어렵고 피곤한 일이기 때문입니다. 어렵게 끄집어내는 작업이 반복될수록 중요 정보라고 인식하고 뇌는 기억할 곳으로 정보를 옮겨놓으니까요.

아이와 함께 이야기해 보세요

1. 공부할 때 수업 목표를 잘 알고 있나요? 수업 목표를 아는 것이 왜 중요
   할까요?

2. 온라인수업으로 공부할 때 주의할 점을 알고 있나요?

3. 아이가 평소에 수업 준비를 잘하나요? 수업에 잘 참여하기 위해서 어
   떤 부분을 노력해야 할지 아이와 이야기 나눠보세요.

4. 평소에 아이가 예습과 복습을 하나요? 어떤 부분을 더 공부해야 한다
   고 생각하시나요? 아이와 함께 이야기 나눠보세요.

자기주도학습을
시작하라

자기주도학습의 핵심은 피드백입니다.
어떤 것이 부족한지, 무엇을 잘하고 있는지
세심하게 짚어보고 함께 걷는 것이야말로
자기주도학습에서 부모가 해야 할 일입니다.

1 온라인수업, 혼자 공부하는 힘부터 길러주세요

코로나19가 흔들어놓은 교육 환경

저와 남편은 초등 교사입니다. 종일 보고 듣고 생각하는 게 수업과 공부입니다. 자녀 공부에 관해서도 오래전 합의한 생각이 있고, 이 안에서 세부적인 것을 결정합니다.

아이들이 어릴 때부터 수많은 이야기를 나눈 끝에 내린 결론은 다소 엉뚱하게 들리겠지만 '공부는 학교에서 하는 것'입니다. 아이들에게 책 읽으라는 소리는 했어도 공부하라는 소리는 해보지 않았습니다.

다행히 아이들은 그럭저럭 잘해줬습니다. 성연(고2)이는 중학교 때 사교육 없이 전 과목 A를 맞았고, 유진(초6)이는 해마다 수천 권의 책을 읽었습니다. 두 아이 모두 수업 태도가 좋고 성실한 편이어서 그동안은 공부는 알아서 하는 것이라는 신념이 흔들릴 일이 없었습니다.

그런데 뜻밖의 일이 벌어졌습니다. 2020년 코로나19가 일상을 점령해 버린 것입니다. 엄청난 혼란이 사회 전반에 밀어닥쳤고 국민 모두 일상의 소소한 즐거움을 포기해야 했습니다. 아플 때나 쓰던 마스크가 품귀 현상을 빚었고 명절 때는 가족이 모일 수조차 없었습니다.

교육계도 예외는 아니었습니다. 학교에선 학생 없이 학기가 시작되는 사상 초유의 사태가 벌어졌고 학생들은 가정에서 온라인으로 수업을 받았습니다. 공교육에 100퍼센트 의존해 오던 저희 아이들 역시 집에서 원격수업을 들었습니다. 처음엔 집이든 학교든 장소만 달라질 뿐이라고 생각했습니다. 집이 시골이라 학원에 갈 수조차 없었지만 그동안 잘해왔듯이 코로나 상황에서도 잘해줄 거라고 믿었습니다.

꼬박 석 달을 쉰 뒤 성연이는 처음으로 학교에 갔고 가자마자 1차 고사(중간고사)를 봤습니다. 학교 수업만으로 A를 받던 성연이의 성적은 믿을 수 없을 정도로 떨어져 있었습니다. 성연이만 그런 게 아니었습니다. 유진이는 배웠다지만 물어보면 아는 게 전혀 없었습니다. 모든 과목에서 어떻게 이렇게 아는 게 없지 싶을 만큼 몰랐습니다.

학교 수업만으로 잘해오던 아이들이 온라인 학습 이후 성적이 떨어진 이유는 무엇이었을까요. 성적 때문에 상담을 신청했는데 성연이 담임 선생님이 이런 말씀을 하셨습니다.

"근처 학원에선 학교처럼 수업했더라고요. 학교 가는 시간에 맞춰서 수업 시작하고 학원에서 선생님이랑 1교시, 2교시 시간 딱딱 맞춰가면서 공부했대요. 이 애들은 성적이 안 떨어지고 오히려 올랐어요."

중요한 건 피드백이다

학원에 다닌 아이들은 왜 점수가 올랐을까요. 이건 그 아이들이 학원을 다녀서 그런 게 아닙니다. 피드백 때문입니다. 공부하고 나면 누군가 피드백을 정확하게 제때 주어야 하는데, 온라인으로 공부하는 아이들은 피드백을 제대로 받지 못했고, 학원에서 공부한 아이들은 강사에게 피드백을 변함없이 받았기 때문입니다.

피드백이 늦거나 적거나 얕으면 제대로 학습이 되지 않습니다. 유진이가 온라인으로 수업을 듣고 잘 이해하지 못한 것도 그래서입니다. 집에서는 내 맘대로 아무렇게나 앉아서 딴생각을 하든 졸든 상관없지만 학교에서는 그렇지 않습니다. 학생의 수업 태도가 나쁠 때 모르는 척 넘기는 교사는 없습니다. 즉시 지적하고 교정하죠.

교사들은 수업 시간에 아이들에게 끝없이 이것저것을 요구합니다. '바르게 앉아라' '글씨를 예쁘게 써라' '문장으로 정확하게 말해라' '네 생각을 말해봐라' '모르는 것이 무엇이냐' 꼬치꼬치 묻고 부족한 부분을 집중적으로 다시 가르칩니다. 수업 시간마다 질문하고 답하고 물어보고 보충하는 과정을 끊임없이 반복하죠.

교사가 하는 이런 가르침이 모두 피드백입니다. 온라인으로 공부하면 이런 피드백이 느리거나 약하거나 제때 정확하게 주어지지 않기 때문에 학습 효과가 떨어집니다. 그 결과 학교에서 교사의 피드백에만 의존하던 아이들은 성적이 하락할 수밖에 없는 것입니다.

교사의 피드백이 전처럼 주어지지 않는다면 누가 피드백을 해줘야 할까요. 흥미로운 건 피드백이 정확하다면 교사, 부모, 친구 누구든 상관없다는 것입니다. 심지어 그게 기계라도 마찬가지입니다.

인지과학자인 존 앤더슨은 '리스프 튜터(LISP TUTOR)'라는 프로그램을 만들었습니다. 리스프 튜터는 한 학기 동안 학생들이 배워야 할 개념을 500가지로 분류한 다음 학생이 개념을 이해했는지 파악해서 피드백을 주는 교육용 소프트웨어입니다. 이때, 같은 교재로 같은 시간 강의를 들은 학생들 가운데 피드백을 받으면서 공부한 학생은 피드백 없이 공부한 학생보다 30퍼센트 더 적게 공부하고도 성적은 43퍼센트 높았다고 합니다.[38]

정리하자면 학생에게는 '교사'가 필요합니다. 즉각적이면서 능동적인 피드백과 코칭, 격려를 해줄 수 있는 사람 말입니다. 그 사람은 부모가 될 수도 있고 선생님이 될 수도 있습니다. 어쩔 수 없이 교사의 역할이 줄어든다면 부모가 대신 교사의 공백을 메꾸고 피드백을 적극적으로 해줘야 합니다.

어떤 상황에도 흔들리지 않는 공부법

코로나19로 공부에서 실패를 톡톡히 경험한 다음 저희에겐 긍정적인 변화가 생겼습니다. 부모 모두 아이들 공부에 잔소리 한번 안 했는데 이 일이 있고 나서 아이들이 공부하는 걸 조금이라도 짬을 내서 살펴보게 됐습니다. 유진이는 『초등 알짜공책』[39]을 꾸준히 썼습니다. 성연이도 학습 플래너를 쓰기 시작했고 공부 습관을 다시 잡아갔습니다.

유진이는 요즘 수학 문제집도 풀고 영어단어도 매일 조금씩 외웁니다. 몇 달 전부터는 영어 신문도 구독해서 요즘은 아빠랑 일주일에 한 부씩 영어 신문을 읽습니다. 시간을 관리하기 시작한 뒤부터는 그러고도 시간이 남아서 혼자 가족신문을 발행하기도 하고 성인용 추리소설을 읽기도 합니다. 성연이도 성적을 다시 끌어올렸고요. 곰곰이 생각해 보니 아이들이 뒤처졌던 공부를 따라잡고 성적을 끌어올리기까지 1년 가까운 시간이 걸렸습니다.

피드백 문제가 해결되지 않는 한 온라인 학습은 아무리 그럴싸하게 포장해도 학교 수업보다 질이 좋을 수 없습니다. 어떻게든 학교 수업에 가까운 형태로 피드백을 제공해야 학습 공백을 막을 수 있습니다. 학교 수업만큼은 아니어도 부모든 학생이든 피드백할 수 있습니다. 자주, 즉각적으로, 정확하게 피드백하기 위해 노력하면 됩니다.

온라인수업을 할 때도 학교 수업처럼 학습목표를 공책에 쓰고 수업에서 중요한 핵심 개념어 또는 중요 내용을 세 문장으로 요약해서 써보게 하는 식으로 수업에 성실하게 참여하게 하세요. 온라인으로 공부한 내용은 문제집을 풀면서 복습하게 하고 부모님이 점수를 주면서 잘 모르거나 부족한 부분은 다시 가르치세요.

이 장에서는 자기주도학습을 완성하는 다양한 내용을 다루었습니다.

2 엄마가 곁에 없으면 잠시도 가만히 있질 않아요

충동을 조절하지 못하는 아이

"선생님, 순영(초2)이는 제가 옆에 붙어 있지 않으면 잠시도 가만히 안 있어요. 순영이도 다른 아이처럼 혼자서 공부하면 얼마나 좋을까요. 순영이가 어릴 때부터 유난히 충동적이고 산만한 편이라 원하는 건 다 들어줬거든요. 그게 문제였을까요. 학원이 안 맞나 싶어서 학원도 바꿔봤는데 소용없네요."

순영이는 수업하다가도 벌떡 일어나 사물함에 물건을 가지러 가고 갑자기 생각났다면서 짝꿍에게 말을 걸었습니다. 자꾸 수업을 방해하니 친구들은 순영이랑 짝이 되는 걸 싫어했습니다. 집에서는 엄마가 야단하면 잠깐 공부하는가 싶다가도 금세 일어나서 물을 먹거나 화장실에 간다면서 방을 들락거렸습니다.

공부하는 힘은 자기조절능력에서 온다

순영이의 문제는 학원을 바꾼다고 해결되는 게 아닙니다. 이건 자기조절력에 문제가 있기 때문입니다. 우리가 흔히 말하는 '아이가 혼자 알아서 하는 자기주도학습'은 실제로는 '자기조절학습(self-regulated learning)'에 더 가깝습니다. 자기조절학습은 주체성을 갖고 학습에 적극적으로 참여하는 태도와 자기조절능력을 바탕으로 스스로 공부하는 것을 뜻합니다.

여기서 말하는 자기조절능력이란 나중을 위해 지금 참을 수 있는 능력을 뜻합니다. 잘 참는 게 무슨 능력인가 싶겠지만, 자기조절능력은 아무리 강조해도 지나치지 않습니다. 자기조절능력이야말로 공부, 사회생활, 인간관계, 정서 등 모든 면에서 인간을 인간답게 만드는 핵심 능력이기 때문입니다.

예를 들어 아이가 점심을 먹으러 급식실에 갔는데 배고프다고 줄을 서지 않는다면 친구들에게선 어떤 반응이 돌아올까요. 짝꿍에게 "넌 못생겨서 같이 놀기 싫어" 같은 말을 아무렇지 않게 한다면요. 기분 나쁘게 했다고 친구를 마구 때린다면 과연 친구들과 잘 어울릴 수 있을까요.

아이는 사회에서 다른 사람과 어울려 살아가기 위해서 배워야 할 게 많습니다. 때로는 하고 싶어도 하면 안 되는 일이 있고 상황에 따라 자기 욕구를 억눌러야 할 때도 있습니다. 이 욕구를 참고 억누르면서 행동을 통제하는 힘이 자기조절능력입니다.

공부는 자기조절능력과 밀접하게 관련되어 있습니다. 공부를 잘하려면 어쩔 수 없이 참고 버텨야 하는 순간이 오기 때문입니다. 이걸 참고 이겨내는 아이가 공부를 잘하는 것은 당연한 일입니다. 아이들이 어릴 때부터 정말로 신경 써서 키워줘야 할 공부하는 힘은 자기조절능력에서 오는 것입니다.

아이에게 자기조절능력을 길러주는 방법

우리 뇌는 여러 구역으로 나뉘고 부위마다 역할도 다릅니다. 우리 머리 앞부분에 위치한 전두엽(前頭葉)은 학습하고 조절하고 사고와 행동을 통제하는 일을 합니다. 뇌에서는 최고사령부와 같지요.

이시형 박사는 『아이의 자기조절력』에서 이름조차 생소하지만 전두엽에 속한 안와전두피질(OFC, Orbital Frontal Cortex)을 소개합니다. 이 부위는 만족을 억누르고 스스로 제어하는 일을 합니다. 지성을 관장하는 전두엽과 좋고 싫음을 판단하는 변연계 사이에서 양쪽을 조율하고 소통하게 해주는 중계소 역할을 하는 부위죠.[40]

안와전두피질 부위가 제대로 발달하지 않으면 충동적으로 행동하게 되어서 공부해야 할 때 진득하게 앉아 있을 수 없게 됩니다. 자기조절능력의 중요성을 강조한 이시형 박사는 이 안와전두피질을 발달시키는 데 부모의 일관된 양육 태도가 매우 중요하다고 조언합니다.[41]

아이에게 자기조절능력을 길러주는 방법(자-단-최-일-책)

1. 자율성 키우기: 공부할 과목과 분량을 스스로 선택하게 하세요.

2. 단호해지기: 허용하기 어려운 것은 안 된다고 분명하게 말하세요.

3. 최선을 다하기: 평소보다 1분이라도 더 할 수 있어요.

4. 일관성 지키기: 학교에서 안 되는 것은 집에서도 안 돼야 아이가 헷갈리지 않아요.

> 5. 책임감 키우기: 공부하겠다고 약속한 분량만큼은 책임지게 하세요.

순영이 엄마는 순영이가 어릴 때부터 원하는 것은 다 들어줬습니다. 부모가 아이가 어릴 때 원하는 모든 것을 들어주면 아이는 굳이 참는 것을 배울 필요가 없습니다. '원하는 건 언제든 해도 돼' '다른 사람은 중요하지 않아'를 무언으로 가르치는 것입니다. 이렇게 되면 아이는 자기조절능력을 키우고 싶어도 키울 수가 없습니다.

아이를 사랑하고 존중하는 것은 어른이라면 누구나 가져야 하는 기본자세입니다. 예의를 갖춰서 아이를 대해야 하지만 그렇다고 나무라야 할 때조차 나무라지 않는 게 좋은 건 아닙니다. 공부를 잘하고 싶다면 더더욱 그렇고요. 자기조절능력이 좋을수록 자라서 학업, 직업 등의 수행 능력은 물론이고 공감 능력, 도덕성, 사회성도 더 좋다는 것을 명심해야 할 것입니다.

고학년의 발목을 잡는 공부 슬럼프 극복법

고학년의 발목을 잡는 슬럼프의 정체

"선생님, 지영(초6)이가 고학년이 되니까 전과 똑같이 공부해도 성적이 잘 안 오르네요. 왜 그럴까요. 성실하게 공부하는데 왜 성적은 제자리인 걸까요?"

지영이 엄마가 진지하게 고민을 털어놓았습니다.

"고학년에서만 그런 게 아니에요. 중학교나 고등학교 가면 더 심해집니다. 실력의 정체 구간이 길어져요. 그걸 노력의 역치라고 부릅니다."

역치(閾値)란 반응을 일으키기 위한 최소한의 힘을 말합니다. 생물은 어느 정도 큰 자극이나 사소한 모든 감각을 전부 뇌로 전달하지 않습니다. 어지간한 자극은 말초 신경 단위에서 무시합니다. 어느 한계치를 넘어갈 때 비로소 신경을 따라 자극을 전달하죠. 이렇듯 생물의 몸에서 반응을 불러일으키기 위한 최소한의 힘을 역치라고 하는데, 공부에도 역치가 있습니다.

초등 저학년 때는 역치가 작게 작용하기 때문에 조금만 공부해도 성과를 거둡니다. 하지만 역치값은 학년이 올라갈수록 점점 커집니다. 배우는 양이 많아지면서 스스로 복습하고 익혀야 하는 분량도 많아지기 때문입니다. 공부는 마치 계단처럼 어느 일정 구간은 실력이 늘지 않고 정체된 것처럼 보이는 시기가 반드시 있습니다. 저는 이걸 공부의 역치라고 부릅니다.

공부의 역치값은 시간이 갈수록 커지기 때문에 학년이 올라갈수록 전과 같은 양을 공부해도 결과로 쉽게 나타나지 않습니다. 공부 계단은 뒤로 갈수록 평평한 구간은 길어지고 수직으로 레벨이 상승하는 것은 적어집니다.

눈에 보이지 않아도 노력하면 성적은 오른다

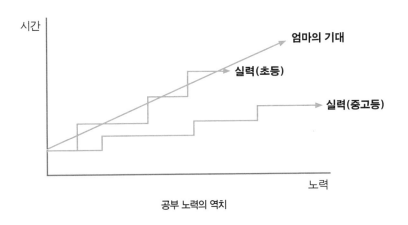

공부 노력의 역치

강의에서 자주 소개해 드리는 노력의 역치 그래프입니다. 평평한 구간은 노력해도 성과가 드러나지 않는 구간으로 실력이 그대로인 것처럼 보이는 때입니다. 물론 이때도 눈에 띄지는 않지만 실력은 조금씩 늘고 있습니다. 이 정체 구간을 진득하게 끝까지 버텨야 실력이 한 계단 올라갈 수 있습니다.

이 구간에서 부모와 아이가 함께 해야 할 일은 꾸준히 실력을 테스트하면서 약점을 보완하고 결과를 피드백해서 방향을 잡아가는 것입니다. 이렇게 실력이 늘기를 기다리면서 끝까지 버텨내는 것이 흔히 말하는 '엉덩이 힘' '끈기' '그릿'입니다.

공부든 수영이든 피아노든 연습을 하다 보면 어느 순간 '아, 실력이 늘었구나' 하고 스스로 깨닫는 때가 옵니다. 천천히 늘고 성과는 더딜지 몰라도 방향만 옳다면 그게 무엇이든 노력한 만큼 잘하게 돼 있습니다. 부모가 조급하게 야단하면서 다그친다고 이 과정이 앞당겨지거나 달라지지도 않습니다.

이 구간을 참고 기다리는 것은 아이에게만 해당하는 게 아니라 부모에게도 해당하는 것임을 기억해 주셨으면 좋겠습니다.

4 초등학생의 엉덩이 힘을 기르는 네 가지 방법

엉덩이가 가벼운 아이, 어떻게 할까

"선생님, 우리 지연(초4)이는 엉덩이가 너무 가벼워요. 앉아 있지를 못한다니까요. 학년이 올라갈수록 엉덩이 힘이 중요하다던데, 어떻게 해야 할까요."

공부가 일정 궤도에 오르기까지는 절대적인 공부량이 있어야 합니다. 흔히 말하는 '엉덩이 힘'이 필요하죠.

하지만 초등학생은 처음부터 오랜 시간 공부하게 하거나 문제집을 많이 풀게 하는 식으로 무리하는 것은 좋지 않습니다. 그보다 '적어도 20분은 한 가지 일에 집중하게 해줘야지'라는 정도로 가볍게 시작하시는 게 좋습니다.

초등학생의 집중력을 기르는 네 가지 방법

다음은 공부에 끈기 있게 매달릴 수 있도록 엉덩이 힘을 길러줄 수 있는 현실적인 방법과 조언들입니다. 몇 가지 단계로 나누어 지도하세요.

첫 번째는 '관찰하기'입니다. 평소에 무엇을 하는지, 시간을 어떻게 보내는지 아이와 함께 관찰해 보세요. 아이가 어떻게 시간을 보내는지 꼼꼼하게 관찰해야 계획도 세우고 목표도 세울 수 있습니다.

심리학에 관찰 효과라는 말이 있습니다. 누군가 지켜보고 있다고 생각하면 평소보다 더 잘하려고 노력하는 현상을 말합니다. 공부도 누군가 지켜보고 있다고 생각하면 좀 더 노력할 수밖에 없습니다. 요즘 SNS에 공부 브이로그(V-LOG)가 유행입니다. 아무 설명 없이 카메라가 돌아가는 내내 공부하는 모습을 찍어서 올리는 것입니다. 이런 공부 브이로그를 재미있게 만들어 봐도 좋습니다.

두 번째는 '행동 기록하기'입니다. 아이가 오늘 한 행동을 꼼꼼하게 써보세요. 동영상으로 녹화해도 좋고 일기로 써봐도 좋습니다. 오늘 저녁에 공부하는 동안 했던 일들을 꼼꼼하게 기록합니다.

컴퓨터 켜기 - 로그인 하기 - 손가락 장난하기
- 큐브 맞추면서 유튜브 보기 - 저녁 먹기
- 저녁 먹으면서 학교에서 있었던 일 이야기하기

세 번째는 '목표 세우기'입니다. 관찰하기와 기록하기를 꼼꼼하게 실천했다면 집중할 수 있는 한계를 알 수 있습니다. 집중력의 한계를 찾아낸 다음 그보다 살짝만 더 노력하는 정도로 목표를 세웁니다.

네 번째는 '실행하기'입니다. 목표에 집중해서 꾸준히 실천합니다. 학자들은 목표에는 수행목표가 있고 성과목표가 있다고 말합니다. 점수를 잘 받기 위해 하는 공부가 성과 목표라면 과거의 나보다 잘하기 위해서 하는 공부는 수행 목표입니다. 수행 목표를 세우고 실천하기 위해 노력하는 공부가 장기적으로 봤을 때 더 이롭습니다.

어제 집중했던 것보다 1분만 더 공부하는 것을 목표로 잡고 매일 꾸준하게 해보세요. 매일 1분씩 늘려가면 언젠가 본인이 원하는 만큼 긴 시간도 얼마든지 공부할 수 있습니다.

처음엔 집중하는 듯하다가도 금세 집중력이 흐트러지는 경우는 한 시간 앉아 있게 해도 실제로 집중하는 시간은 10분이 채 안 됩니다. 집중하지 못한 상태로 오래 앉아 있는 것보다는 짧은 시간이어도 제대로 집중해서 빨리 과제를 끝마치는 쪽이 훨씬 효과적입니다.

이런 경우는 과제를 적은 분량으로 나눠서 내주는 게 좋습니다. 1시간짜리 분량이 많은 과제를 주는 대신 처음부터 과제를 작게 쪼개서 내주는 겁니다. 20분짜리 과제를 마치면 다시 하나를 주고 그걸 마치면 또 하나 주는 식으로 지도하시는 게 좋습니다.

5 자기주도학습,
학년별로 다르게 접근해야 한다

　자기주도학습은 어릴 때부터 조금씩 스스로 과제에 집중하는 힘을 길러 주는 것으로 시작해서 부모가 적절할 때 손을 떼는 것으로 완성이 됩니다. 학년별로 어떤 부분들을 집중해서 살펴보아야 할지 정리해 보았습니다.

1학년: 학교 잘 다니기

　1학년에서 가장 신경 써서 지도할 부분은 '학교 잘 다니기'입니다. 유치원과 학교는 많이 다릅니다. 건물도 무채색이고 간식도 안 주고 수업 시간에 마음대로 돌아다닐 수도 없습니다. 유치원은 놀이 중심 교육과정이라 놀면서 배우지만 학교는 그렇지 않습니다.

　이렇게 유치원과 차이가 크기 때문에 학교가 재미있고 즐거운 곳이라는 인상을 심어주지 않는다면 아이가 적응하기 힘듭니다. 좋았던 점을 위주로 자꾸 이야기 나눠야 학교를 긍정적으로 생각하게 됩니다.

이를테면 "공부 잘하고 왔니?"보다는 "오늘 뭐가 제일 재미있었어?"라고 물어보거나, "오늘 뭐 배웠어?"보다는 "오늘 어떤 공부할 때 가장 신났어?" 하고 물어보는 겁니다.

또, 외국어보다 모국어 실력을 먼저 키워주세요. 책을 매일 꾸준히 소리 내어 자주 읽어주시고 함께 이야기 나누세요.

정해진 시각에 잠들고 약속한 시각에 일어나게 하는 것도 중요합니다. 아침밥은 대충이라도 꼭 먹게 하세요. 자주 아침을 굶는 아이는 수업할 때도 더 졸려 하고 기운 없어 합니다.

가방과 준비물은 자기 전에 아이 스스로 정리하게 합니다. 가방과 준비물을 잘 챙겼는지 부모님이 다시 확인하고 피드백해 주세요.

2학년: 공부 습관 잡아주기

2학년은 학교생활에 이미 적응한 뒤라 학습 습관을 잡아주기에 좋습니다. 규칙적으로 생활하도록 숙제와 준비물 챙기기, 예습·복습하기, 책 많이 읽기 등을 습관으로 만들어주세요.

수학에서는 수 감각을 길러줄 때입니다. 구슬, 딱지, 바둑알처럼 구체적인 조작물을 갖고 놀게 하세요. 수 감각이 어느 정도 길러지면 사칙연산을 연습해도 좋습니다.

받아쓰기 때문에 스트레스 받지 않아도 됩니다. 맞춤법이나 띄어쓰기는 아이의 언어 경험이 쌓일수록 점점 나아집니다. 가정에서 꾸준히 책을 읽어주셨다면 3학년이 넘어가면서부터는 눈에 띄게 맞춤법에서 틀리는 일이 줄어듭니다.

독서, 운동, 숙제 등을 정한 시간만큼 매일 실천할 수 있도록 도와주세요. 아이 곁에서 지켜보면서 꾸준히 살펴보시고 방향을 계속 잡아주셔야 아이가 헤매지 않습니다.

책은 계속 읽어주세요. 책은 아이가 그만 읽어달라고 할 때까지 읽어주셔야 합니다. 소근육 발달이 아직 덜 돼서 독서록을 쓰거나 일기를 쓰게 하면 힘들어요. 필기 분량은 최소한으로 하고 독후감을 쓰게 하는 대신 책 속의 황금 문장을 찾아서 예쁜 글씨로 천천히 쓰게 하세요.

3학년: 교과 공부 시작

3학년부터 통합 교과에서 분화된 과학, 사회, 음악, 미술 등을 배우게 됩니다. 공부를 본격적으로 시작하는 시기라 이때 힘들어하는 아이도 많습니다. 자신감을 잃지 않게 꾸준히 칭찬해 주시고 격려해 주세요.

초등 저학년 때와는 달리 교과 내용이 많아지므로 예습과 복습을 하는 게 좋습니다. 어렵게 생각하지 말고 배운 내용을 다시 꼼꼼하게 읽어보는 정도로 가볍게 지도하세요. 주요 교과서는 집에도 한 세트 있는 게 좋습니다. 국어, 수학, 사회, 과학은 교과서로 예습과 복습을 하는 게 좋아요.

아이와 공부하는 시간을 약속으로 정해놓고 정한 시간에는 자리에 앉게 하세요. 그 시간만큼은 가족이 함께 공부하거나 책을 읽어야 공부 습관으로 만들 수 있어요.

컴퓨터, 게임, 유튜브, 스마트폰 등을 어떻게 지도할지는 미리 아이와 이야기 나누세요. 가장 좋은 것은 정해진 시간 이외에는 손에 닿지 않게 하는 것입니다.

문제집은 교과서로 충분히 복습한 다음에 풀게 하세요. 지나치게 어려운 문제집으로 아이의 자존감을 낮추지 않도록 주의합니다.

4학년: 공부자존감 지키기

4학년은 교과 내용이 어렵습니다. 이 시기에 공부자존감이 떨어지는 아이도 많습니다. 3학년까지 책을 꾸준히 읽어왔다면 학습에도 자신감 있게 도전하는 경우가 많고, 그렇지 않았다면 공부에 흥미를 붙이기 어렵습니다.

독서는 지금부터라도 꼭 지도하세요. 쉬운 책부터 시작하면 됩니다. 연령별 추천도서나 학년별 추천도서에 너무 신경 쓰지 마세요. 아이들의 독서 능력은 다 다릅니다. 내 아이의 수준에 맞는 책을 꾸준히 읽히면 됩니다.

서점이나 도서관으로 아이와 데이트를 가는 것도 도움이 됩니다. 아이가 책을 즐겨 읽고 좋아하려면 좋은 책을 자주 만지고 읽을 수 있어야 합니다.

이 시기에는 아이가 좋아하는 과목, 싫어하는 과목이 분명해집니다. 싫어한다고 해서 공부를 게을리하고, 좋아한다고 해서 그 과목만 열심히 한다거나 하면 그대로 실력으로 굳어집니다. 모든 과목을 매일 조금씩이라도 공부할 수 있게 셀프 학습 체크리스트로 균형을 잡아주세요.

4학년 때부터는 슬슬 수포자가 나오기 시작합니다. 수학을 어려워하는 아이는 수준을 확인해서 잘 모르는 부분부터 다시 가르치세요.

학교에서 독후감 쓰기나 토의, 토론 수업이 본격적으로 시작돼요. 집에서 평소에 가족회의를 해서 토의·토론 형식에 익숙하면 학교에서도 편하게 공부할 수 있습니다. '우리 가족 생일 이벤트를 어떻게 할까' '크리스마스를 어떻게 보낼까'처럼 생활 속의 주제들로 가족이 함께 이야기를 나눠보세요. 토의·토론 실력의 바탕이 돼줄 겁니다.

과학을 좋아하는 아이라면 교과서에 나오는 과학 실험을 집에서 해보게 해주세요. 아이가 아주 좋아할 겁니다. 천문관측대, 과학관, 박물관, 미술관 등에 자주 데리고 다니는 것도 아이에게 긍정적이고 적극적인 인지적 자극을 줄 수 있어요.

참, 여학생들은 사춘기가 시작되기도 해요. 2차 성징이 시작되기 전에 성교육도 해주셔야 합니다.

5학년: 사춘기 시작, 부모 간섭 줄이기

5학년 학생 대부분 이미 사춘기에 접어든 뒤입니다. 형제, 자매나 부모와 부딪치는 일이 생겨나고 친구 관계를 더 중요하게 느끼기 시작합니다. 이때 친구 문제를 간섭하거나 마구잡이로 야단하면 부모와 사이가 더 나빠집니다.

부모가 하라는 대로 행동하지 않으려는 때이기 때문에 '부모표 공부'가 힘들어지기 시작합니다. 계획은 아이가 세우게 하고 부모님은 확인하세요. 억지로 공부시키면 사이만 나빠져요.

5학년쯤 되면 아이들은 이미 공부 잘하는 아이, 공부 못하는 아이로 나뉘어 있습니다. 노력하면 얼마든지 나아지지만 어지간해서는 용기를 잘 안 냅니다. 이럴 때는 부모님께서 작은 것부터 세심하게 다시 챙기고 충분히 이야기를 나눠보시는 게 좋아요.

복습은 배운 직후, 집에 와서, 일주일 뒤, 한 달 뒤처럼 주기에 맞게 합니다. 특히 수업 시작 전엔 3분 복습법을 꾸준히 실천하게 하세요.

이때는 논술을 할 수 있는 시기이기도 합니다. 쉬운 주제로 1천 자 이상 글쓰기에 도전하세요. 『초등공부, 독서로 시작해 글쓰기로 끝내라』[42]에서 소개해 드린 '연꽃기법'을 활용해 보세요. 1천 자 논술 정도는 쉽게 할 수 있어요.

6학년: 공부 걱정 줄이기

아이들이 6학년이 되면 이미 사춘기가 시작된 뒤라 전보다 말을 더 안 듣습니다. 아이들은 아이들대로 걱정이 많습니다. 공부를 잘해야 한다는 압박감도 크고 어떻게 공부해야 할지 몰라 고민도 많아요. 공부를 잘할 수 있다는 희망을 절대적으로 심어주셔야 해요.

먼저, 계획표를 세우고 공부하는 방법을 가르쳐주세요. 이때도 혼자서 공부하지 못한다면 나중에도 계획과 목적 없이 방황하는 공부를 하게 돼요.

외국어를 잘하는 아이라면 영어 신문을 읽거나 영어 원서를 읽어도 좋아요. 다양한 자격시험에 도전해 볼 수 있는 때입니다. 관심이 있다면 한국사능력시험이나 한자능력시험, 국어활용능력시험 등에 도전해 보게 하세요.

6학년이 되면 아이들은 꿈이 자라는 때입니다. 하고 싶은 일과 관련된 직업도 직접 찾아가보고, 원하는 일을 하는 사람의 이야기를 책으로 읽을 수 있게 도와주세요. 여행을 하면 좋습니다. 새로운 곳에서 새로운 느낌으로 마음을 다잡을 수 있고 소원했던 부모님과의 관계가 개선되기도 합니다.

6 방학은 자기주도학습을 시작하는 최적의 시기

휴식과 학습의 균형을 잡기

방학이 무엇일까요. 방학은 놓는다는 의미의 '放'과 배움을 뜻하는 '學'을 합해서 만들어진 단어로 말 그대로 배움을 놓는다는 뜻이 있습니다. 너무 춥거나 너무 더울 때이니 잠깐 배움을 쉬라는 뜻이죠. 학생들이 방학을 좋아하는 이유도 잠시 공부를 쉴 수 있는 기간이기 때문일 겁니다.

저는 어릴 때 방학 중엔 하루 종일 놀았습니다. 골목에서 놀고 학교 운동장에서 놀고 마당에서 놀았죠. 놀다 보면 금방 개학이 다가와서 밀린 일기를 몰아서 쓰느라 애먹었습니다.

물론 너무 덥고 너무 추워서 쉬라고 만든 방학인 만큼 이렇게 푹 쉬는 것도 좋지만 방학이야말로 자기주도학습 습관을 들이기에 가장 좋은 때입니다.

우선 스스로 공부하는 습관을 들이기 위해 방학 계획을 세울 때 유의할 점을 알아보겠습니다.

방학 계획 세우기의 원칙

첫째, 방학에 어떤 공부를 할지 구체적으로 정해야 합니다. 막연하게 '공부를 좀 시켜야 할 텐데' 정도로 생각하고 있다간 금방 개학을 맞게 됩니다.

방학 공부 계획 세우기 예시

무엇을?	왜 어려운가?	어떻게 공부할까?	언제 공부할까?
수학	잘 모르는 부분이 많고 어려워서	• 3단원과 5단원, 교과서로 복습하기 • 익힘책 문제 다 풀면 단원별로 문제집 문제 10개씩 풀기	매일 저녁 6시~6시 30분
영어	필수 단어를 잘 몰라서	• 4학년 필수 단어 외우기 • 교과서 영어 노래 부르기	매일 저녁 5시~5시 30분
과학	실험 부분이 어려워서	교과서 실험들만 하루에 하나씩 다시 읽어보기	매일 저녁 6시 40분~7시

수학을 어려워하는 아이는 지난 학기에서 배운 내용을 잊어버리지 않도록 다시 복습하게 합니다. 많이 틀리는 단원은 따로 교과서를 다시 공부하

고 문제도 여러 번 풀어보는 게 좋습니다. 사회는 교과서를 한 번 더 읽어보고 잘 몰랐던 단어들을 정리하게 하면 좋습니다. 과학은 교과서에 나온 실험들만 집에서 다시 해보면 좋은데 실험이 어려운 경우는 유튜브나 EBS를 활용해서 영상으로 되짚어봅니다.

선행학습을 하기 위해 바쁘게 학원을 순회하는 아이들도 있는데 방학 때 해야 할 가장 중요한 일은 지난 학기에서 부족했던 공부를 완벽하게 보완하는 것입니다.

둘째, 느슨하더라도 규칙적으로 생활하게 하세요. 늦잠을 자는 게 나쁜 것은 아니지만 지나친 늦잠은 좋지 않아요. 나중에 학기가 시작했을 때 허둥지둥 학교에 가거나 졸린 상태로 수업을 듣는 아이도 많습니다. 아이들이 아침에 늦게 일어나는 이유는 대부분 늦게 자서 그렇습니다. 일어나는 시각을 잘 지키려면 자는 시각을 먼저 챙겨야 해요.

방학 때는 차라리 평소보다 30분 정도 늦게 일어나되 자는 시각을 평소와 똑같이 하는 게 좋습니다. 개학을 2주 앞둔 때부터는 다시 5분씩 당겨서 일어나 학기가 시작됐을 때는 평소 패턴으로 빨리 돌아갈 수 있게 하세요.

아침을 굶거나 저녁을 늦게 먹거나 하지 않고 세 끼 식사를 꼬박꼬박 합니다. 또, 정해진 시간에 책 읽고 공부하고 운동하는 식으로 규칙적인 생활 패턴을 잡아주세요. 『초등 알짜공책 열매편』과 셀프 학습 체크리스트를 적극적으로 활용해 보세요.

셋째, 방학생활계획표를 만들 때는 굵직하게 만들어야 합니다. 커다란 원을 빼곡하게 시간 단위로 나눠서 작성한 방학생활계획표 많이 보셨지요? 저는 이 계획표가 방학생활을 제대로 못하게 만드는 주범이라고 생각합니다.

매일 학교에 가던 아이가 갑자기 24시간 집에서 보낼 수 있게 되면 마음이 느슨해지는 것은 당연합니다. 빼곡한 생활계획표를 세우는 것보다 생활 패턴을 기준으로 굵직하게 하루를 등분하고 해야 할 일을 중심으로 계획을 세워야 규칙적으로 생활할 수 있어요.

굵직한 방학생활계획표 예시

(꼭 해야 할 일) 태권도 학원 가기, 독서, 지난 학기 복습, 다음 학기 예습

	일어나는 시각: 8시 30분
아침	식사 및 방 정리: 8시 30분~9시 30분
	독서: 책 2권 읽기
	운동: 태권도 학원 10시~11시
점심	식사: 12~13시
	공부: 영어단어 외우기 50개
	독서: 책 3권 읽기
	휴식(자유시간)
저녁	공부: 사회 교과서 읽기(복습), 과학 교과서 실험 영상 보기(반드시 함께 시청하기), 수학 문제 풀기(복습), 2학기 교과서 미리 읽어보기(매일 과목 다르게)
	잠드는 시각: 22시 30분

방학 때 도전하면 좋은 것들

첫째, 책 50권 읽기에 도전하도록 해주세요. 방학 동안 책을 마음껏 읽게 해주는 겁니다. 일주일에 한 번은 도서관에 함께 가서 학습만화가 아닌 책으로 5권 이상 빌려 와서 빌려온 만큼은 다 읽게 하세요. 규칙적으로 매주 일정 분량만큼 읽을 수 있습니다. 독서 체크리스트를 활용하면 균형 있게 모든 분야의 책을 읽을 수 있어요.

독서 체크리스트 쓰는 방법

1. 책을 읽을 때마다 스티커를 붙이세요.
2. 한 분야의 칸이 차면 다른 책을 읽게 하세요. 학습만화만 읽는 아이라면 학습만화를 한 권 읽게 하는 식으로 적절히 제한하는 것도 좋습니다.

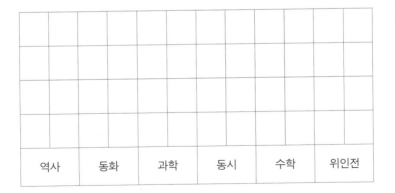

역사	동화	과학	동시	수학	위인전

둘째, 날마다 쓰는 일기 대신 주마다 쓰는 주기(週記)를 쓰게 하세요. 방학 때 일기를 매일 쓰게 하면 금방 질려 하고 쓰기 싫어합니다. 억지로 매일 글을 쓰게 할 게 아니라 월요일에 하나 쓰고 일주일 내내 조금씩 다듬어서 좋은 글로 완성시키는 고치기에 초점을 둔 글을 쓰게 하세요.

방학 땐 글쓰기를 해보는 것도 좋은데 이때 부담 없이 즐길 수 있도록 지도하시는 게 중요해요. 학기중엔 숙제나 학원 등 할 일이 많고 바쁜 아이들이 방학 때 글쓰기를 시작해 볼 수 있도록 이끌어주세요.

셋째, '독서 나무 만들기'도 좋은 도전 과제입니다. 매번 책을 읽을 때마다 쓰기보다는 책에서 가장 핵심이 되는 황금문장을 찾고 종이에 예쁘게 써서 나뭇잎 모양으로 오리게 하세요. 굵은 나무줄기만 만들어주고 아이들의 황금문장으로 나뭇잎을 붙여주면 훌륭한 독서나무가 됩니다.

넷째, 방학 동안 운동을 꾸준히 하면 좋습니다. 몸이 건강해야 공부도 잘합니다. 평소에는 운동을 중요하게 다루지 않는 경우가 많으니 방학 때만큼은 '하루에 줄넘기 100개 하기' '자전거 20분 타기'처럼 정해놓고 운동을 할 시간을 주세요.

다섯째, 선행학습을 하더라도 가볍게 하시길 권합니다. 선행학습보다 중요한 게 이 시기의 복습이에요. 완벽하게 이해하고 넘어가는 게 다음 학기 공부를 빨리 끝내놓는 것보다 훨씬 중요합니다. 학기가 시작되면 미리 1년 공부를 다 하고 왔다는 둥, 학원에서 다 배운 거라는 둥 하면서 수업에 소홀한 아이들도 많습니다. 하지만 학교 수업은 그 어느 것보다 중요합니다.

1. 아이가 평소 온라인수업에서 어떤 어려움을 겪고 있나요?

2. 온라인수업의 효과를 높이기 위해 아이를 어떻게 도와줄 수 있을까요?

3. 아이의 공부 습관이 잘 잡혀 있다고 생각하나요? 아쉬운 부분이 있는
   지 생각해 보고 어떻게 개선할지 이야기해 보세요.

4. 아이의 방학 생활에서 꼭 개선하길 기대하는 부분이 있나요? 아이와
   이야기 나눠보고 셀프 학습 체크리스트를 활용해 바꿔보세요.

꾸준함이 쌓이면 탁월함이 된다

'왜 이렇게 조용하지?'

작은딸 유진이는 침대에 잠들어 있었습니다. 책상 위에 펼쳐진 체크리스트는 모든 목록이 다 체크된 상태였습니다. 유진이는 오늘도 자신이 해야 할 모든 일을 다 한 다음 잠이 들었습니다.

- 영어단어 25개 외우기
- 영자 신문 한 챕터 읽기
- 2학기 수학 문제집 풀기
- 학교에서 배우는 수학 복습하기
- 수학 문제집 채점하고 틀린 문제 다시 풀기
- 독해 문제집 풀기
- 어휘 문제집 풀기
- 책 읽기
- 책상 정리하기
- 휴대전화 충전하기
- 체크리스트 체크하기
- 내일 체크리스트 쓰기

제가 기억하는 만큼 쓴 유진이의 체크리스트입니다. 유진이는 국어, 영어, 수학, 실과 등으로 나눠서 자신이 해야 할 일을 매일 체크합니다. 가짓수가 많긴 하지만 실제로는 한두 시간이면 충분히 혼자서 끝냅니다.

유진이 체크리스트 마지막은 내일 체크리스트 쓰기로 끝납니다. 유진이가 처음부터 이랬을까요. 물론 아닙니다. 작년 초만 해도 유진이는 독후감이 무엇인지도 몰랐고 문제집 한 권 없었습니다.

그랬던 유진이가 이렇게 달라졌습니다. 저희처럼 무심한 가정에서도 이만큼 했으니 아마 다른 집은 몇 배로 잘 해낼 거라고 생각합니다. 자기주도학습은 복잡하고 어려운 게 아닙니다. 학습 전략, 동기, 습관, 정서 등이 하나하나 제 무늬대로 어우러지는 그림이 공부이고, 그 틀은 자기주도학습입니다.

문득 백두산에 갔을 때가 생각납니다. 관광버스가 천지 바로 아래 주차장까지 친절하게 데려다주더군요. 주차장에 내려서 백두산 천지까지 가는 길은 멀지 않았습니다. 그런데 몇 걸음 걷지 않아 가슴이 터질 듯 아파왔습니다. 심장이 어찌나 빨리 뛰고 머리가 깨질 듯이 아픈지, 호흡이 가빠서 한 발짝 떼기도 힘들었습니다. 멈춰서 재보니 1분에 160번씩 심장이 뛰고 있었습니다.

다시 버스로 돌아갈까 고민했습니다. 일행 중엔 벌써 버스로 돌아간 이도 몇 있었습니다. 주차장까지는 콧노래를 흥얼거릴 정도로 편하고 즐거웠는데 막상 천지까지 가는 길은 그렇게나 멀고 힘들 수가 없었습니다. '천지는 사진으로도 많이 봤잖아. 이렇게 힘든데 굳이 가야 하나.' 걸음을 멈췄습니다. 몸을 돌리려는 그때, 동료 선생님 한 분이 다가와 말했습니다.

"많이 힘들어요?"

저는 미친 듯이 뛰는 심장을 손으로 누르면서 간신히 대답했습니다.

"네, 심장이 터질 것 같아요. 머리가 너무 아파요."

"성효샘, 천지를 누가 보는 줄 알아요?"

"고산병 증상이 없는 사람……?"

동료 선생님은 고개를 가로저었습니다.

"천지까지 가는 사람."

저는 그날 운 좋게도 천지를 보았습니다. 어디선가 불어온 세찬 바람에 뽀얀 물안개가 싹 걷히면서 천지가 모습을 드러내는데, 그게 어찌나 아름답고 장엄하던지요. 눈물이 핑 돌면서 빠르게 요동치던 심장이 가라앉았습니다. 몸을 돌려보니, 멀리 주차장에 세워진 버스가 보였습니다. '버스로 돌아갔더라면 난 이 광경을 볼 수 없었겠지.' 피식 웃음이 나왔습니다. 천지는 정말로 천지까지 가는 사람이 보는 것이었습니다.

아이들에게도 공부 때문에 갈등하는 때가 찾아올 겁니다. 너무 하기 싫고 돌아서고 싶어지는 때가 올지 모르죠. 그래도 자신이 어디를 가려 했는지 목적지만큼은 잊지 않고 꼭 붙들고 있어야 합니다. 그래야 다시 일어서서 또 걷지요. 힘들면 잠깐 쉬었다가 가도 됩니다. 손 내밀고 응원해 주는 이가 있다면 말이지요. 그러면 그 아이는 마침내 끝까지 다다르게 됩니다.

제가 가르쳤던 수많은 초등학생은 다 어른이 되었습니다. 어떤 아이는 목표를 앞두고 돌아섰고, 어떤 아이는 다 가서도 꿈을 이루지 못했습니다. 그러나 기어이 해낸 아이들도 많습니다. 이 아이들의 비밀은 다른 데 있지 않았습니다. 그저 매일 조금씩 한 발짝, 한 발짝 걸은 게 다입니다. 방향을 잃지 않고 꾸준히 걷다 보니 자연스레 원하는 곳에 닿아 있었습니다. 결국 꾸준함이 탁월함의 비밀인 것이지요. 그때까지 아이들을 지켜주고 붙들어주는 게 부모와 교사, 우리 어른들의 몫일 겁니다.

이 책을 다 쓴 지금 공부가 무엇이냐고 묻는다면, 한 문장으로 대답할 것 같습니다.

"꾸준함이 쌓여 탁월함이 되는 것."

이번 책은 한라산에서 시작해 백두산에서 끝났습니다. 방대한 작업이었습니다. 그래도 책을 쓴 덕분에 공부의 원리에 한 걸음 다가선 것 같아 기분은 좋습니다. 초등학교 교사로 17년 동안 아이들을 가르치면서 공부 때문에 지지고 볶던 모든 순간이 책에 녹아 있습니다. 어깨와 팔이 많이 아파서 집필을 그만둬야 하나 여러 번 고민했습니다. 쉽고 자세하게 쓰느라 예상보다 책이 훨씬 두꺼워졌지만 독자들께는 더 도움이 될 거라고 믿습니다.

끝으로 원고를 기다리느라 목이 조금 빠졌을 해냄출판사 편집부에 감사의 인사를 전합니다. 이 엄청난 분량의 원고를 좋은 책으로 만들어주셔서 고맙습니다. 금쪽같은 성연이와 유진이, 사랑하는 남편, 책 쓰는 딸을 자랑스러워하는 엄마와 바쁘기만 한 며느리를 늘 아껴주시는 어머님, 모두 감사해요.

하늘나라에 계시는 아버지, 살아 계실 때 저한테 책 그만 쓰라고, 그렇게 힘든 거 뭐 하러 자꾸 하느냐고 말리셨죠. 아버지, 이게 제 소명인가 봐요. 제가 선택한 길이니, 뚜벅뚜벅 열심히 걸어갈게요. 사랑해요.

2021년 가을 김성효

| 미주 |

1) 『최고의 공부』(켄 베인, 2013, 와이즈베리)

2) 「아동의 생활시간 사용실태 국내·외 비교」, 『아동복지연구소 보고서』 2016권1호(최은영·김기태, 2016, 초록우산어린이재단)

3) "공부할 맛 떨어지게 하는 말, '그럴 거면 그만해'"(행복매일신문, 2016. 07. 15자 기사)

4) 「초등학생의 사고양식, 자기효능감, 학업성취와의 관계 분석」, 『아시아교육연구』 7권 4호(한숙경, 2006, 서울대학교 교육연구소)

5) 「아동의 학업성취 발달궤적의 예측요인과 발달산물」, 『한국아동복지학』 34호(정익중·권은선·박현선, 2011, 한국아동복지학회)

6) 세이브더칠드런 그리다 100가지 말상처 홈페이지(100words.sc.or.kr/m/html/main.php)

7) 『전교 꼴찌, 270일 만에 의대생이 된 공부 비법』(김현수, 2019, 북스고)

8) 『아이의 자존감』(김민태·정지은, 2011, 지식채널)

9) 『그릿』(김주환, 2013, 쌤앤파커스)

10) 『전교 1등의 책상』(중앙일보 열려라공부팀, 2015, 문학수첩)

11) 『어떻게 공부할 것인가』(헨리 뢰디거·마크 맥대니얼·피터 브라운, 2014, 와이즈베리)

12) 『마인드셋』(캐럴 드웩, 2017, 스몰빅라이프)

13) "나이 들면 머리 굳는다? 아니, 뇌는 변화한다-가소성"(송민령, 《사이언스온》, 2016. 08. 22자 칼럼)

14) 『어떻게 공부할 것인가』(헨리 뢰디거·마크 맥대니얼·피터 브라운, 2014, 와이즈베리)

15) "두뇌 힘, 쉽고 간단하게 키우는 방법은?"(코메디닷컴, 2021. 04. 02자 기사)

16) 「과정 중심 지필평가로서 서술형·논술형 평가의 가치」, 『정책연구』 234호(임종헌·유경훈, 2019, 서울특별시교육청교육연구정보원)

17) 『전교 1등의 책상 2』(중앙일보 열려라공부팀, 2017, 문학수첩)

18) 『뇌 과학이 인생에 필요한 순간』(김대수, 2021, 브라이트)

19) 「또 다른 지적 능력 메타인지」, 『생활 속의 심리학』(김경일, 《네이버 캐스트》, 2011. 08. 29자 글)

20) 『공부하는 방법을 알면 성적이 오른다』(전정재, 2006, 대교출판)

21) 『습관의 힘』(찰스 두히그, 2012, 갤리온)

22) '당신의 인생을 바꾸는 작은 습관', 〈SBS 스페셜〉(SBS, 2021. 06 .02자 방송)

23) 『습관의 재발견』(스티븐 기즈, 2014, 비즈니스북스)

24) 『습관의 힘』(찰스 두히그, 2012, 갤리온)

25) "아빠와 노는 동안 아이 뇌 발달 '극대화'"(헬스조선, 2020. 12. 29자 기사)

26) "한국학생, 학업성취욕구 높은데 삶의 만족도는 최하위권"(뉴스1, 2017. 04. 21자 기사)

27) "10대에 으뜸 스트레스… '네가 스트레스 받을 게 뭐가 있어'"(뉴스1, 2017. 05. 18자 기사)

28) "발표하지 않는 아이들, 어떻게 할까?"(조소영, 한국교직원공제회블로그, 2017. 04. 10자 게시글)

29) "[팩트체크K] 한국은 눈치를 많이 보는 나라인가?"(KBS 뉴스, 2019. 12. 05자 기사)

30) "초등학생 10명 중 5명 '가장 좋아하는 과목은 과학'"(이투데이, 2015. 04. 13자 기사)

31) "'과학자가 된 비결… 호기심·좋은 스승 그리고 실패다'"(한국일보, 2017. 09. 08자 기사)

32) "세계창의력경연대회서 대상 받은 한수초 블루마블팀"(중앙일보, 2011. 10. 31자 기사)

33) 과학(Science), 기술(Technology), 공학(Engineering), 인문·예술(Arts), 수학(Mathematics)을 합쳐 만든 용어다. 과학기술 기반의 융합적 사고력과 실생활 문제해결력을 키우는 통합 교육 프로그램을 가리킨다.

34) 원래는 '분추똑대포반차스'다. 마지막 '스'는 '스스로 하기'의 약자이며, 내용상 어울리지 않아 생략했다.

35) 『공부의 비밀』(베네딕트 캐리, 2016, 문학동네)

36) 『토니 부잔의 마인드맵 암기법』(토니 부잔, 2010, 비즈니스맵)

37) 『전교 1등의 책상』(중앙일보 열려라공부팀, 2015, 문학수첩)

38) "인지과학으로 푸는 공부의 비밀-머리가 나빠서 공부를 못한다?"(유재명, 《한겨레》, 2011. 08. 26자 칼럼)

39) 『초등 알짜공책』(김성효, 2020, 해냄)

40) 『아이의 자기조절력』(이시형, 2013, 지식채널)

41) 『부모라면 자기조절력부터』(이시형, 2016, 지식플러스)

42) 『초등공부, 독서로 시작해 글쓰기로 끝내라』(김성효, 2019, 해냄)

• 사진 출처

119쪽 고려청자: 고려청자박물관
119쪽 금속활자: 청주고인쇄박물관

초등공부, 스스로 끝까지 하는 힘

초판 1쇄 2021년 10월 4일
초판 3쇄 2022년 4월 30일

지은이 | 김성효
펴낸이 | 송영석

주간 | 이혜진
기획편집 | 박신애 · 최미혜 · 최예은 · 조아혜
외서기획편집 | 정혜경 · 송하린 · 양한나
디자인 | 박윤정 · 유보람
마케팅 | 이종우 · 김유종 · 한승민
관리 | 송우석 · 전지연 · 채경민

펴낸곳 | (株)해냄출판사
등록번호 | 제10-229호
등록일자 | 1988년 5월 11일(설립일자 | 1983년 6월 24일)

04042 서울시 마포구 잔다리로 30 해냄빌딩 5 · 6층
대표전화 | 326-1600 **팩스** | 326-1624
홈페이지 | www.hainaim.com

ISBN 979-11-6714-009-8